40億の
借金を抱えた
お坊さんが
たどり着いた

幸せになる方法

丹法山成就寺 大僧正
佐藤法偀
Hoei Sato

サンマーク出版

心の底から、
幸せになりたいと思いませんか？

はじめに

私は真言密教の僧侶であります。

密教というと修行が厳しくストイックな宗派というイメージがあるようですが、そのなかで私はかなり変わった坊主といわれています。

山形に本院、銀座に別院を構え、相談に来るのは主婦の方などももちろんいらっしゃるのですが、**何より多いのが「経営者」です。**「金運」「仕事運」を特に重視した運気上昇をアドバイスしており、売上一〇〇〇億円をゆうに超えるような大企業の創業家の方々もご家族で長くいらっしゃっています。日本有数のホテルの創業者や今をときめくベンチャー企業の社長さんまで、人によっては三十年以上にわたって毎年必ずアドバイスを聞きに来られます。

これまで五十年にわたり、七十万人の相談に乗り、悩みを解決してきました。

日本全国から社長さんが集まる経営合理化協会さんでも講座を持ち、並み居る経

営者のなかでひとり坊主が場違いな雰囲気を放っているのですが、幸いにも毎回、募集をかける前に「満席」のキャンセル待ちとなるようです。

学生、ＯＬ、政治家、医者、音楽家、弁護士、また、具体的な名前を出すわけにはいきませんが、それらの縁で、誰もが知る国民的俳優や女優の方々、スポーツ選手なども相談にいらっしゃいます。

それらの噂を聞きつけてか、**近年は相談に訪れる人のなかで「他宗派の僧侶」がよく相談に来るようになりました。**坊主は誰にも相談できないというのです。自分自身の家庭のトラブルからお寺の経営相談にいたるまでさまざまで、山形の本院まで来ることも珍しくありません。

私は来訪される方の悩みに耳を傾け、必ず「解決」するまで相談を受けて、アドバイスをしてきました。ときには「一人にそんなに時間をかけていては身体がもたないし、正直経営もうまくいかないだろう」と言われます。実際、相談が数時間に及ぶことも珍しくはありません。

しかし、それを何十年も続けてきたからこそ私は、人生がうまくいかない人の共通点は「たった一つ」であることに気づきました。有名無名を問わず、どんなにお金があろうがなかろうが、突き詰めれば不幸になる人は誰しもが同じ「原因」を持ち、不幸という「結果」を引き寄せています。

その原因とは、「心が冷えている」ということです。

特に近年はこの傾向が顕著です。心が冷えている人には不幸が訪れます。これは長年の経験からも、真言密教の教えからも、九星気学という暦によって導かれる「運勢の法則」からも間違いありません。

そしてそれを解消する方法はたった一つ。

「素直になること」

これだけです。

どんなに行動を変えても、対策をしても、自分自身が「素直」になれない人には、不幸な人生が訪れます。しかし、自分と向き合い、素直になることができた人は驚くほどすぐに問題も解決して幸せな人生へと変化していきます。

誰もが解決不可能と思った大企業の「お家騒動」も、医者から見放される大病を患った人も、「素直になる」ことを実践しただけで問題がスルスルと解決していったのです。

それほど素直になることは人生を変える力を持っているのです。私は坊主の身でありながら、四十六億円という借金を背負ったことがあります。先の見えない返済計画、人生の不安から感情は乱れに乱れ、心身症となり、不幸のどん底のような人生でした。

しかし、私は幸いなことに坊主でした。

坊主は**「修行」**することが仕事です。

特に厳しい修行でも知られる真言密教の僧侶である私は、その教えを学び、修行を通して誰よりも必死に、真剣になって「自分自身」や「人生」「生き方」と向き合う作業をくり返します。

・なぜ私たちは思い悩むのか？　悩みはなくならないのか？
・どうすれば私たちは幸せになれるのか？
・人間にとってもっとも大事なものとはなんなのか？

誰もが一度は考えることでしょう。しかし、ちょっとやそっと考えただけでは、答えが見つかるものではありません。七十万人の悩みを解決しつつ修行を積み、人間にとって本当に大事なものを考え続けてきた結果、「素直さ」という答えに辿り着いたのです。

結局、すべてのトラブルは感情が乱れることによって起こります。それを一番早く穏やかに解決するのは、まず自分が素直になること――過去五十年、これ以上に効果的な方法はありませんでした。

まとめると、およそ人生の成り立ちとは次の二つに集約されます。

・**人生がうまくいかない原因は「心の冷え」である**

・それを解決するには、結局のところ「素直になること」が一番

いったいどういうことなのか、本書を通して具体的にご説明したいと思います。あまりにシンプルな内容ゆえ、最初は当たり前のことのように感じられるかもしれません。しかし、これだけ悩みを抱える人が蔓延《まんえん》しているように、七十万人の相談者がみなそうだったように、ほとんどの人が「素直さ」を持てずにいることで苦しんでいます。

そして仕事も人間関係も健康問題も、「素直になる」ことで、すべて解決してきました。

当たり前のことですが、大企業の経営者でも著名人でも、私のアドバイスの根本は変わりません。

ときに真言密教の教えや言葉を紹介することもあります。本書でもその教えや言葉に触れていきます。ぜひあなたも本書とともに自分自身を見つめる絶好の機会と

していただきたいと思います。いま抱えている悩みがみるみる解決していくのをご体感ください。

一つでも多くの悩みが解決することを願ってやみません。

40億の借金を抱えた
お坊さんがたどり着いた

幸せになる方法

目次

第1章 あなたのその苦しみは「心の冷え」が原因で起こる

第2章

「心の冷え」がなくなる教え

第3章

運気がどんどん上がる過ごし方

第4章

「善の積み重ね習慣」で心はフワッと軽くなる

装丁――藤塚尚子（ｅ ｔｏ ｋｕｍｉ）
ＤＴＰ――朝日メディアインターナショナル
編集協力――梅村このみ、増田有
編集――綿谷翔（こはく社）

第1章

あなたのその苦しみは「心の冷え」が原因で起こる

坊主が四十六億円もの借金をして気づいたこと

お金は大事です。いや、超大事です。

日本人はこの当たり前の事実から目を逸《そ》らしがちです。これはお坊さんでも同じです。お金に関心があると思われたくないのか、正面からお金の話をしないお坊さんが多いようです。

健康あってこその仕事ですが、お金がないと生活も人間関係も破綻《はたん》します。私が金運や仕事運がよくなるアドバイスを相談者にするのは、その事実をまず素直に受け止めないと人生は決して好転しないからです。

じつはこの「当たり前の事実」は、私が身をもって痛感したことでもありました。

今でこそ大企業の〝会長クラス〟に何人もアドバイスを贈る私ですが、じつは四十六億円という借金を背負い、人生のどん底に陥った「借金坊主」だったのです。

そんな私の話を少しだけさせてください。

大学は経営学部を卒業。サラリーマンの家庭に育ったのですが、小学生時代は「悪ガキ」で親を困らせ、担任の先生が禅宗のお坊さんでもあったので一時預かりでお寺に住んだこともありました。

仏縁はそのときからで、先生は「寺子屋」を開いて習字や仏教の話をしていたので、それを聞いたりしました。

大学を卒業して大手生命保険会社に入社、実績だけは残したのですが、身体を酷使したために体調不良になり、夜間の鍼灸《しんきゅう》指圧マッサージ学校に通いながら鍼灸師の国家資格を取ったのです。

「坊主になるのなら、いろいろな人に会って自分の肥やしにしろ！」

と叔父に言われたのです。

東京・日本橋茅場町にマンションを購入して「治療院」を開設したのですが、当時は大手倉庫会社の倉庫が並んでいるだけの寂しい地域でした。

「大手企業の社長たちの治療院にしたい！」という目標がありましたので、治療法も変え「九星気学と東洋医学」を主体にしたのです。

「大手食品メーカーの御母堂」が娘さんの紹介で来院し、それから経営者の息子さんたち、ＣＭに出ている芸能人、プロレスラー、プロゴルファー、野球選手、サッカー選手、力士、政財界人が来院するようになりました。

「運勢を見てくれて、治療もしてくれる」という、自分で言うのもなんですが、確かに変わった坊さんであったのです。

しかし私はまったく順風満帆ではありませんでした。

「夢」は自分の「寺建立」だったのですが、お金がない。

そこで私は、ちょうどバブル期が始まったばかりでしたので、不足資金を稼ぐために株に手をつけたのです。治療院に来院して来る上場会社の社長たちだけの会社に投資したのですが、中途半端に信用取引を覚えたこともあり、バブル崩壊とともに四十六億円の負債を抱えたのです。

辿り着いたたった一つの答えは「素直」であること

私の暴走を止めてくれた人もいたのですが、忠言や苦言を聞かなかったために、大きな痛手を受けました。お金がないのはもちろん、人間関係も健康も、生きていくうえで大事なものがことごとくうまくいかなくなりました。

私は真言密教の修行のことを思い出し、自分自身を見つめて「行《ぎょう》」に入りました。

そこで何がよくなかったのか、私たちが人生を悩みなく豊かに生きるために「最も大事なこと」とはいったいなんなのか。それを探ることにしたのです。

もちろんその間、四十六億円の借金は残ったまま。その借金を少しずつ返していき、そのなかで己を見つめ三十年以上の歳月をかけて完済し、同時に七十万人の相談を解決するなか、私は一つの答えに辿《たど》り着いたのです。**それは、私たちの人生を脅かすものは、「執着」や「迷い」「欲望」といった心を「凝り固める」負の感情であるということです。**

そしてそれら負の感情を払いのけ、私たちの人生を豊かにする方法は、結局のところたった一つしかありません。

それが、「素直であること」です。

執着や迷い、欲望があると、人の心は凝り固まり、身動きが取れない状態になります。それを私は**「心の冷え」**と呼んでいます。心が冷えている人は、ポジティブな行動ができません。固執して動かず、どんどん感覚が麻痺《まひ》して、他人を苦しめていることにも、自分を苦しめていることにも気づきません。

最初はちょっとしたきっかけでも、固執した状態が続くことでどんどん固執・執着が強くなり、他の意見は受け入れることができないくらいに心が「凝り固まって」しまいます。

「ネットいじめ」は「心の冷え」が起こす悪しき慣習

近年では「ネットいじめ」など、SNSで特定の人を「叩《たた》く」現象が多発しています。コメント欄で喧嘩《けんか》している人もよく見かけます。相手のことを思いやる心があれば、およそできないような行為ですが、「心の冷え」によって精神的な感覚が麻痺して、ネガティブな状況に陥っているのです。

生きとし生けるものは、動かないと死を迎えます。

いま私たちの生きる社会では、心が冷えている人で溢《あふ》れています。それだけ世の中に執着や迷い、欲望が蔓延《まんえん》し、「素直たる環境」が失われていることが原因です。

四十六億円の借金をして銀行に睨《にら》まれても素直な心で臨めば、一緒に返済計画を立ててくれるし、辛抱強く返済を待ってくれるものです。

心が凝り固まっていると、「いざ」というときに行動できずに、人生を幸せにするチャンスをみすみす逃してしまいます。私のところに訪れる「悩んでいる人」たちは例外なく素直さをなくし、心が冷えた人たちばかりでした。

しかし、ちょっと温めて「冷え」をなくすだけで、お金も人間関係も健康状態も、すべてよくなっていくのです。

「心の冷え」は心だけの問題ではありません。

悩みを抱えて相談に来る人の身体を施術していたところ、驚くほどに、誰もかれも身体が冷えていました。抱える悩みや執着の度合いが深い人ほど、その「冷え」の度合いは深刻だったのです。

つまり「心の冷え＝身体の冷え」だったのです。

人生相談と施術を通してその「現実」を知ったことは大きな発見で、おそらく数多くの僧侶が日本にいるなかでも、そこに気づけたのは鍼灸師の資格を持っている私くらいのものではないかと思います。

日に日に通う人は増え、施術と人生相談も気づけば圧倒的な実績となったことで「心の冷え＝身体の冷え」であるということを確信したのです。

「冷え」が身体によくない、ということはよく知られたことですが、心に抱える悩みが実際に身体の冷えとして発現していたことは大きな発見で今まで語られることはありませんでした。

つまり、いくら身体の冷えをなくしたとしても「心の冷え」を解消しないと、人生は幸福に向かっていかないことがわかったのです。

〝文句言われりゃ
腹がたつけど、
文句言われる
理由《わけ》もあるはず〟

もっと素直でいいじゃない

「もっと素直でいいじゃない」

この言葉は、いつも私自身に言い聞かせているものです。

三十代前半のあるとき、

「先生、マンションは買わないほうがいい。賃貸でガマンをしておくことだよ！

必ず買う時期が来るから！」

と先輩でもある大手食品メーカーの専務に言われたのです。

「わかりました。購入せずに賃貸マンションを借りることにしました」

そう言って、その場を繕いました。しかし、どうしてもマンションを購入したかったので、専務には内緒でマンションを購入してしまったのです。

日常生活のあらゆることを相談していた私にとっては、専務からの忠告、アドバイスを受け入れなかったのは初めてのことでした。

数か月後、マンションを購入したことを知った専務から

「先生は素直かと思っていたが違っていたな！　きっと窮地に立たされることになるから！　そのときは、相談に乗ってあげません！」

と言われたのです。バブル崩壊はその三年後にきました。

お金は人の性格も、人の関係も変えてしまう

私の当時の夢は「お寺の建立」でありました。

「自分の力でお寺を建立し、広大な敷地で農作業をしながら、自然とともに生活し、好きなときに護摩行《ごまぎょう》をする」

こうした夢を大手食品メーカーの専務にも打ち明けていたのです。

バブル絶頂期でしたので「銀行から多額の融資をしてくれること」を知り、家を担保に数千万円を融資してもらって、株式投資を始めたのです。

お金があると性格が変わるようです。

今までは素直に聞き入れていたアドバイスも、「自分のやり方でやってやる！」「賃貸マンションよりもマンションを購入したほうがいい！」という高慢な態度になってしまったのです。

バブル崩壊後は「茨《いばら》の道」でした。その多くは人間関係でした。たくさんの人間関係や人脈が壊れていってしまったのです。

治療のかたわら、財界人の方々からいろいろと企業相談も受けておりましたので、株式投資もそうした財界人に言われるがまま上場企業の銘柄をやっていたのです。

気分も絶好調。まだまだいけると高をくくって、初めて信用取引をやり出したのです。そのときも専務から、

「初めてだから、大きく信用取引をしないこと」

とアドバイスを受けたのにもかかわらず、大きな取引をして多額の金銭が入り、より大きく投資をくり返しました。いま振り返ると専務は本当に私を心配してくれていたんだな、と思います、

お金は魔物です。「自分のやり方を変えたくない」という執着の思いがして、素直に人からのアドバイスや忠告を聞き入れなくさせるのです。

それからたったの一年後。治療院と自宅だけを残して、銀行と話し合いのもと長期分割返済を組んでの借金生活が始まったのです。

徳川家の指南番が教えてくれたこと

「多額の返済をどのようにするか?」

心から反省をした私は、問題点を箇条書きにして自分自身を再度見つめ直しました。

・自分の長所と短所
・自分が本当にしたいこと
・自分が将来なるであろう人物像

これを克明に書いたのです。

当時、私が目指していた人物は徳川家の指南番・天海僧正《てんかいそうじょう》でした。天海僧正の小説を何回も読み返し、イメージを自分の中につくり上げたのです。

「方位学だ！」

私は直感しました。それから父親から学んだことのある「九星気学」を再度、猛勉強したのです。

「借金返済と治療院の経営と寺建立のために方位学を活用してやってみよう！」

決心してみると、自分自身の心がとても楽になりました。

「素直」とは**「ありのままで飾り気のないさま、曲ったり癖があったりしないさま、正直、物事がすんなりゆくこと」**と辞典にあります。

反省の箇条書きの中に、専務に言われた「素直じゃない」も書き込んでいたので、辞典で調べることにし、ようやく「意味」が理解できたと思っています。

「曲ったり癖があったりしないさま」

この言葉は、当時変なプライドから素直になれなかった原因を私に教えてくれるとともに、深い反省を促してくれました。まさに**「金の切れ目は縁の切れ目」**であり、多額の借金を抱えたとわかったら大多数の人が私から去っていったのです。人間関係もお金に大いに左右される。それを心から痛感した出来事でした。

肉眼で見ることはできずとも察知はできる

私は鍼灸師の資格を持っていることもあり、東洋医学を取り入れて悩み相談に活かしている坊主です。

その理由は二つあります。

一つ目は心に悩みを抱えている人の身体は、必ず冷えていることがわかったこと。

「心の冷え」＝「身体の冷え」である以上、本当にその人の悩みを解決するためには、その両方を解決しなければ人生は幸せにならないということがわかりました。

身体を冷やすことによって「心の冷え」を生むこともあるからです。

二つ目は東洋の学術のすべては、宇宙という真理を基本としているからです。

言葉を変えると「自然哲学」であるのです。「自然哲学」を理解できないと、「気」という働きも理解できず、その人に訪れる「運気」「運勢」も理解できません。

「気質」と「肉体」は相関関係を持ち、気の働きが肉体の形をつくり、また肉体が気を発して、相互に相関して生々営々しているとみなすのです。


「気」そのものは肉眼で見ることはできませんが、気の作用による形態や現象から、気の働く質を察知することができます。

たとえば、目に見えない風でも、木の葉の揺れ動く姿を見ることによって風の働きを知ることができるし、電気の場合もその発した光や熱によって電気の流れていることがわかる。

人間の場合でも、言葉を発するのは「心」という気が働いて、声帯、口腔《こうくう》という肉体構造を通して声が発せられ言葉となるのです。手足が自由に動くのも、気が働くからであると考えるのです。

真言密教に限らず、僧侶の修行は究極のことを言えば「素直」になるための修行です。朝の掃除や座禅《ざぜん》を組むなどの「行《ぎょう》」から、幾日にも及ぶつらい修行まで、結局は自分自身と向き合うことで、自分のなかに沸き起こるさまざまな執着や欲望を受け止め、超越するためにあります。

東洋医学で気の流れを知り、さらに九星気学という「方位学」を身につけることで、自然のエネルギーの流れと、私たち人間がそれぞれに持っている気の流れのバランスが「最適解」になるように調整することができるようになるのです。

幸福とは、人生に訪れる運気をいかに上手に最大限活用するか、その結果でもあるのです。

チャンスを活かすのは、自分自身を活かすこと

自然哲学である「陰陽五行説」や九星気学は、私の思考に大きな影響を与えてくれました。

たとえば、九星気学を学んでいくと、自分にとっての「いい星回り」があります。よい星とは、人生の大きなチャンスや、よき師、生涯の友や伴侶との出会いなど、人の運命を大きく変える契機のことです。このよい星はめったに来ませんので、自分にとっていい星が巡ってきたら素直に必ず乗る努力をしなくてはなりません。

「乗る」ということは「自分を活かし切る」ということです。

こうしたよい星の巡りをしっかりと捉え、山形市で基盤をつくったからでしょう。二〇〇七年に天童市田麦野に本院を建立できたのです。

心の塵埃を掃き清めなさい

私は一か月に一度は必ず部屋の片づけをしていますが、また一か月たつと本は山積みとなり、書類もたくさん積もってきます。

こうした状態を「心」に置き換えてみるのです。

「塵《ちり》も積もれば山となる」のことわざがありますように、心にも少しずつ塵埃《じんあい》（塵《ちり》やほこり）が積もってきます。

会社での仕事や人間関係、家庭生活での出来事などで心にも塵埃がたまってきます。

では塵埃とは具体的に何を指すのか？

仏教には「煩悩」という言葉がありますが、この「煩悩」こそ、塵埃なのです。

「煩《ぼん・はん》」とはわずらわしいことで、心に思い悩むこと、という意味です。

煩悩魔という言葉もあります。その意味の一つに愚痴があったり、瞋恚《しんい》といって、自分の心に逆らうものを怒りうらむこと。「怒り」があるのです。また欲深いことは**「貪《どん・とん》」**といいます。

「心を蝕む三毒」がこの三つなのです。

これを**「貪瞋痴《とんじんち》」**と表し**「心の塵埃《じんあい》」**というのです。


私は人生がうまくいかなかったとき、「貪瞋痴」を項目ごとに列挙することをしました。

一番多かったのは「怒り」（瞋《じん》）で、次に愚痴（痴《ち》）でした。欲深な「貪《どん》」はあまりありませんでした。

しかし、バブル期を振り返ったときは私のなかに「傲慢《ごうまん》さ」が出ていたのです。

この「傲慢さ」があると、おごり高ぶり、人を見下して礼を欠くことになります。

「素直さ」が人を和ませる陽気なら、この「傲慢さ」は人を怒らせる陰気といえる

のです。

心の塵埃は、いつしかその人の癖や習慣となって身体に染みつき、言葉や行動になって表れます。

生活していくうえで煩わしいことはたくさんあります。しかし、煩わしいといって逃げることはできません。煩悩のことを仏教ではまた**「塵労《じんろう》」**といっています。穢《けが》れているから塵といい、「身心を疲れさせる」から労というのです。

「身心を疲れさせる」状況にあうと、私たちは不定愁訴を起こし、自律神経失調症という症状になってきます。

そうしてどんどん健康を悪くし、人づき合いも疎遠になって仕事にも支障をきたすようになるのです。

ストレスの「根本的」な原因とは?

「どうも身体の調子が悪い」
「偏頭痛が取れない」
「めまい、動悸《どうき》がする、イライラする、眠れない、腹がはる、下痢が続く」

これらは不定愁訴の症状です。人によって訴えがまちまちであるから不定愁訴といいます。

目まぐるしく変化する社会機構は人間を圧迫しています。これでは煩わしさは日々加速し、煩悩はとめどなくたまっていきます。そうした理由もあってストレス性疾患、心因性疾患が増しているのです。

ストレス学説を提唱したカナダのセリエ博士の「ストレス理論」を一読してもらうと参考になると思います。

病理的理論は別として、ストレス学説は、個々の病気や病巣や症状よりも、なぜ「具合が悪くなる」とか「気分が悪くなる」などと表現するのか、といった点について追究しているのです。

たとえば、人が扁桃腺炎《へんとうせんえん》にかかった場合に当てはめてみましょう。

人が強い寒さに長い間さらされたとき、自律神経が働いて体温の低下を防いでくれますが、また同時にすでにストレスが起きています。身体の抵抗力が弱まることで、平素から扁桃腺に無害のまま付着していた雑菌（常在菌）が暴れ出し、その結果、扁桃腺炎が起きて熱が出ます。この場合、その人の身体は元の健康状態に立ち戻ろうとするのと同時に、熱を下げようとする作用も働くのです。つまり病気になるという変化と、治ろうとする変化とが同時に起きるわけです。

セリエ博士は、この二重の変化がその人に違和感を起こさせ「具合が悪くなる」とか「気分が悪くなる」といった心理的身体的状態をもたらすと説明しました。

ストレス学説は、決してそれがすべてであるとはいえませんが、さまざまな病気の発生の誘因（きっかけ、引きがね）を説明してくれているのです。

ともあれ、ストレスは私たちの日常生活につきものであって、休息を取っているときでも、睡眠を取っている間でも、ある程度のストレスは作用しています。**そのストレスを放置すると、悪いことが起こり始め、あなたの人生はどんどん乱れていきます。**

ビジネススキルを磨くとか、病気予防をするというのは、もちろんそれもいいのですが、それらは根本的な解決策ではありません。人生がうまくいかないと悩む人の根本にある原因は「心の塵埃」にあるからです。

私は「心の塵埃」が積もった状態、それを「心の冷え」と呼んでいるのです。

心のなかに「チリ」はどんどん積もっていく

カール・ヤスパースは、ドイツの哲学者・精神科医であり、実存主義哲学の代表的人物であります。

「不安におびえて悩む」とはいうものの、じつは人間、不安そのものに悩むというより、〝なぜ〟不安におびえるのか、**その〝なぜ〟にこそ悩む原因があるのではないか**、と言及しています。

たとえば、マラソンで息苦しくなっても、そのために悩むことはない。〝なぜ〟がわかっている範囲の苦痛だからです。

しかし、不安になったり、苦痛が起きたりした場合に〝なぜ〟がわからないと、悩みはじめ、克服しようとする心も弱くなりがちです。

そこで、何か異常事態が起こった場合、その〝なぜ〟を究明すれば、その事態に対する「心がまえ」ができて、不安や苦痛にチャレンジすることが可能になるということです。

「なぜ」を考えずに心磨きをする

「仏さまを台座から降ろしたあとの掃除はとても一回では汚れが取れません」

これは私が自戒を込めて人々に伝えている言葉です。

不安や心配、不満、ねたみ、怒り、恨みのような「感情のゴミ」がたまっていると、ものごとを素直に取れなくなり、ひどくなると曲解してしまうことにもなる人の根性。掃除をした後の汚れは、自分の掃除が足りないだけなのに、つい「誰かが汚したんじゃないか」「何か起こったんじゃないか」「自分はちゃんとやった」と何かのせいにしようという歪曲《わいきょく》した心持ちになります。

原因を「自分のせい」だと捉え認めれば〝なぜ〟は明確になり、悩みや不安は生じるはずもありません。**これを「他人のせい」「環境のせい」と考えるから〝なぜ〟がわからず悩み始め、克服する力も弱くなるのです。**

根性が右折するか左折するかはともかく、人の心と根性は曲っていくのを、不動《ふどう》明王《みょうおう》さまや弘法大師さまは「こっちだ」と真っ直ぐの道筋を教えてくれます。そうした人の心のホコリをもふき浄めながら、今では仏さまの掃除をしています。

心に思い悩むことは気づかぬうちに「チリ」となって積もっていきます。ふだんは気づかなくとも大きく積もり過ぎて取り除けなくなったときには「病気」となります。**それは常にありもしない〝なぜ〟を探し求めて悩む病気かもしれません。**

マラソンの息苦しさではないですが、夢や目標を持って「自分のせいだな」「まだ自分が未熟なだけだな」と思うことが**「心磨き」**になるのです。

〃素直さは人を和ませる陽気
傲慢さは人を怒らせる陰気〃

夢は実現するまで消えません

得るものが大きいほど失うことを恐れさせる仕組みになっている社会です。いつも安心できない世の中の仕組みになっていると断言してもいいほど、人は絶えず「恐怖」を感じて生きているのです。

「不安」は「思考」がつくり出します。


「思ったとおりに行かなかったらどうしよう」

「このお金がなくなったらどうしよう」

「景気の先が見えなくなった。受注がなくなったらどうしよう」

「病気が治らなかったらどうしよう」

先への「不安」、現在ありもしないことで人は思い悩み、考え込んでしまいます。

私はこうした「不安」をバブル期に泡沫《うたかた》のマネーゲームを通して経験してきました。いつも安心できず、落ちるところまで落ちてしまって立ち上がってきました。

夢は実現するまで消えません。夢は勝手に去って行くことも、遠くへ移動することもありません。

逃げるのはいつも自分であり、あなた自身が夢の前から去って行くだけなのです。

悟りを開くことも、夢の実現も簡単ではありません。

しかし、自分から逃げないかぎり、それは必ず実現可能なところにあるのです。

冷え性は身体だけの問題ではない

「不安や恐怖」は、煩わしさを生み、怒りや煩悩を生み、本来の目標を見失わせます。私たちの「心や身体」を「凍らす」ほどに冷やしてしまい、身体的にも精神的にも身動きが取れなくなってしまいます。

「凍る」とは水分などが寒気に当たって凝結することですが、「悩みや不安・心配」などの気持ちがあると、感情は冷ややかになり、身体も「冷たく」なってきます。**感情が冷えると積極的に外へと行動することができなくなり、本来の一生懸命さを忘れてしまいます。**

私のところに治療や相談をしに来る人は、「不安や心配」に縛られた状態で訪れます。何をやっても身体の「冷え」が取れません。私も「お金」の問題が常に頭にあったときは「足先」が凍ったように冷たく感じていました。

「冷え性」という症状がありますが、不安や心配ごとなどがあると、身体は「冷え」が蔓延し、誰もが精神的に「気弱」になってきます。

たかが「冷え」が「心も身体」もズタズタにしていくのです。

〝夢は実現するまで消えません。
夢は勝手に去って行くことも、
遠くへ移動することもありません〟

「心の冷え」はどうして生まれるのか？

私の幼少時代「手の甲に氷を乗せてのガマンくらべ」をしたことを思い出します。手の甲に氷を乗せると、まず「冷たさ」を感じ、次第に「痛み」を感じます。ガマンをしていると「痛みがなくなり冷たさが走ってシビレ」が広がってくるのです。手の甲の氷は溶けても冷たさは残り、その部分は凍ってしまったかのように痛みよりもシビレ感が強く残っています。このシビレ感は手の甲から肩あたりまで走ってしまうのです。

これは「心の冷え」が起こる過程に似ています。

心の中に「自分にとって不都合なこと」が生まれたとします。この不都合なことを「氷の塊」とたとえるのです。

私たちの日常生活の中には、「氷の塊」になる要素がたくさんあります。仕事の問題、夫婦の問題、介護の問題、子育て、ローン返済や病気など多岐にわたっています。

「早く解決しなければならない」

「早く片づけねばならない」

心の中で思うわけです。忙しさの中にあって、「いやだけど、どうしてもしなければならないこと」が実際に起こってしまったとき、心の中の信号機は青色から黄色信号へ、そしてシビレが走る赤色信号になってしまった状態なのです。

「早く片づけておけばよかったのに」

「早く診てもらっておけばよかったのに」

反省やら後悔、言い訳が先に立って、心の動揺をきたします。

「反省や後悔」をしてすぐに行動に出ればよいのですが、そこに「ためらい」「言い訳」が出て迷ってしまうこともあります。

こうした「迷い（躊躇《ちゅうちょ》）」「言い訳」が「氷の塊」であり「心の冷え」を生むものだと私は考えています。

松葉杖がいきなり不要に⁉

治療院に来る方も、相談に来る方も「心の冷え」を持った方が多いのです。

二、三の例を挙げてみましょう。

まず治療例からです。

身体を悪くし、松葉杖をついて来た人がいました。夫婦関係もヒビが入り健康も人間関係もうまくいかない、ということでした。

「腰が痛くて這《は》ってトイレに行く始末。大学病院の整形外科へ行ったのですが、まだ治らず手術しかないとのことです」

「まだ身体が冷えているんだよ！　足湯や腰を温めたらどうでしたか？」

「風呂に入ると下半身がシビレて痛いし、足湯をやるとやはりシビレて痛くなるので、止めて病院へ行ったのですが、この様《ざま》です」

「足湯をするとシビレて痛いのは極度の冷えだと思うのでここでやってごらん。見ていてあげる」

「(足湯に足を入れて) 足がシビレて痛くなってきました」

「冷え過ぎた身体で急に熱い湯に入るとシビレて痛さが出るんだ。痛くても足を動かしてみてごらん。痛みが和らいだら大丈夫です」

「本当に痛くなくなってきましたよ」


彼は松葉杖をかついで笑いながら帰って行ったのです。

吉方位の病院で最高の第二オピニオン

また、このような女性もいました。

「左の乳房に小さなシコリを感じましたので医者に行ったら、乳ガンと言われました。この先どうしたらいいのでしょうか？」

「身体の左側は男、右側は女と言います。左側の乳房だから、ご主人や長男のことで思い悩んでいるんだよ！　吉方位を取って治療するといいよ！」

「主人は転職してから人格が変わったようになり、長男もそれを見て性格が変わったようです。苦労の連続で最後は私の身体にきてしまいました。情けないですね」

「まだ捨てたもんじゃないよ！　どうやら吉方位の病院を第二オピニオンとすれば、いい医師と巡り合うことになっている。ダメだと思ったら、ダメなことを考えて心を暗くし続けるより、よし！　こんな人生ではない！　と考えることが重要なんだ。身体も心も冷やさず、情熱で焼き切ることもしないといけないよ」

八年間のつらい家庭問題が続いて、この婦人は「心の冷え」が左乳ガンという身体的な症状となって出現していたのです。

「ああすればよかった」

「こうしておけばよかった」

後悔ばかりしていたのですが、第二オピニオンとして吉方位の病院へ行ったところ、リンパまで転移していないことがわかりました。

人のアドバイスに対して聞く耳を持って、新しい病院へ行ったことで自然と本当の自分まで見出したようです。

「このままでは終わりたくない」

「こんな自分ではない」

「まだ何かができるんだ」

自分を見失いがちになる日々の生活ですが、「苦しさに立ち向かう」ということを忘れないでほしいと思います。

過ぎ去ったことを消しゴムで消してしまうようなことはできないけれど、その事実を何度も思い出して苦しさを味わうより、掌《てのひら》にその苦しみをしっかり握ったら、フウッと軽く吹き飛ばしてしまいましょう。

親は子供に対して何もごまかせない

家族の問題、仕事の問題、人間関係、嫁姑問題、病気など悩みの種は尽きません。人が遭遇する困難はさまざまであり、対処の仕方もさまざまですが、**「心の冷え＝身体の冷え」**という視点から見ると解決の糸口が見つかります。

ある子供の相談でお母さまから、このような話がありました。

手がベタベタしたら心が疲れているサインである

「ある日から学校に行かなくなって、もう数か月も休んでいるんですが、どうしたらいいのか教えてください」

「心療内科やカウンセリングなどには行っているのですか？」

「はい……問題はないとのことです」

「一度連れて来てください。面接しながら解決してあげますよ！　身体の具合が悪いところはないいんでしょう？」

中学一年生から進級して二年生になる前の女生徒です。

「お母さん！　誰でも悩みがあるときは手が冷たく湿った感じになっています。手に汗を握るようにね！　調べてごらん。きっと悩みが深いんだ。心を開かず閉じこもっている状態だから、身体を温めさせながら、優しい顔で誘ってごらんなさいよ」

初めて会う子ではないのですが、私が恐いのでなかなか足が向かないようです。

「手がベタベタ湿っているのは何か心に悩みがある証拠だ」

お母さんが伝言してくださったこの言葉に反応して、ついに相談に来ることになりました。

私はその子の冷たい手を握りながら言葉をかけました。

「このベトベトした手を、温かいサラサラの手にしないといけないよ！　私の手を見てごらん、両方の手を擦《こす》るとシュルシュルと音がするだろ！　このようにならなければね。お母さんと赤ちゃんは臍《へそ》の緒で結ばれていて、臍は太陽神経叢《そう》といって自律神経の基なんだ。

この臍が小腸に関連しているので、おなかを温めると自律神経の動きがよくなってすぐサラサラになってくるんだよ。悩みは自然に解消して、消えてしまうよ」

その女生徒は素直に実践したところ、一か月もたたずに学校へ行きだし、ニコニコ顔で私の所に現れました。

悩みは母親との確執であったことを聞いて母親も驚かれていました。母子ともに臍を温めながら話し合い、手のベトベトを治すことを目標にしたのがよかったと言っておりました。

子供の悪いところばかりに目がいくのが母親かもしれませんが、何か目標を持たせ、母親も一緒にやってみることが大切だと思います。

つらいときや大変なとき、私たちは自分を被害者にして慰めるということをします。

「……が悪い」「……さんと会いたくない」など他人のせいにして、自分はその被害者なのだと嘆くことがよくあります。これは大変よくありません。とても危険な心の状態です。今もし思い当たる人はすぐに思い直してください。

こうして誰かのせいにしていると、悩みはより深みに迷い込んで「冷え固まって」くるのです。

「嫉妬《しっと》深い自分」「何かに執着している自分」がいないかしっかりと見つめることは毎日やっても損はありません。「冷えの固まり」は溶け出し、あなたはもちろん、ときにあなたの大切な人をも苦しみから解放させてくれるのです。

子供を真っ直ぐ育てたければ、添え木役に徹しなさい

話が横道にそれますが、社会問題になっている「いじめっ子、いじめられっ子」についてお話ししたいと思います。

学識経験者が集まっていくら考えても、この問題に結論を出すことはできていません。それはなぜか。**いじめっ子、いじめられっ子の原因は「親の心」あるいは「祖父母」などの心の中にあると私は考えているのです。**

夫婦仲はどうだろうか。夫婦喧嘩をしていないだろうか、妻をいじめてはいないだろうか。夫をいじめてはいないだろうか。

姑が嫁をいじめていないか、逆に嫁が姑をいじめていないか。

子供は家庭生活の中で教育されるものと思います。夫婦喧嘩を子供の前ですると、子供は両親の顔色をうかがい、どちらかに寄り添うことをします。

相談者の方々を見てつくづく実感しますが、こうした情景は子供の潜在意識にしっかりと記憶されているのです。子供を叱って注意しても、叱ればますますひどくなってしまいます。

いじめっ子、いじめられっ子、家庭内暴力、校内暴力が減らない原因は、子供の親の心、あるいは祖父母などの心の中にあるのです。

「やったら、やられる」の道理は、子供の心にまでつながりますので、部下がいる人は、部下を思いやる心をもって優しく接すること、また下請け会社をいじめていないだろうか、従業員をいじめていないだろうか、人をいじめるような仕事をしていないだろうか、など深く反省の念を持って考えてみることも必要ではないかと考えます。

人を木にたとえた「親」の字は（立ち木を見る）、日本独特のものであります。

「木を良材に仕立てるのも、人を正直者に仕立てるのも同じことである。養育の仕方が肝心なのである。木を植えたら、真っ直ぐな添え木をそばに立てて結びつけるように、人を育てる場合には、正直な人をそばに置くとよい。その人の真似をして、必ずや正直者となる」

人の心は、何歳になっても日々成長することができます。真っ直ぐな心を持つ〝添え木役〟が子供にとっては「親」になります。

子供は親の行動を見習って成長していくものだと考えます。

「氏より育ち」ということわざがありますが、子供は、どのような環境で育つかのほうがはるかに重要であるのです。

〃人を育てる場合には、
正直な人をそばに置くとよい。
その人の真似をして、
必ずや正直者となる〃

真言密教はいったい何が特別なのか？

「密教」という言葉は、大きく分けて二つの意味に使われています。知らない方も多いと思いますから、ここで簡単に説明します。

第一は広い意味での密教で、秘密教、秘教などともいわれる神秘的な宗教、宗派のすべてを指します（キリスト教もイスラム教もこれに属します）。

第二は仏教の密教で、大乗仏教の流れの中に生まれた秘教のことで、特に日本では、弘法大師空海によって持ち帰られ、組織的な真言密教として体系化されたものをいいます。本書ではこの意味で「密教」と使用しています。

空海の説く真言密教の教主は大日如来《だいにちにょらい》です。密教では大日如来を〝法身《ほっしん》〟と呼び、この「法」とは「宇宙の真理」であり、それを「身」とする大日如来は「宇宙の真理そのものが肉体である仏」なのです。

私たち人間一人ひとりは本来その心の中に「仏としての悟り＝宇宙の真理」を秘めていますが、私たちの目のほうが開かれないため、その内に秘められた宇宙生命を自ら覆《おお》い隠してしまっているのです。

しかし、厳しい宗教的実践を積めば、私たち俗人も自らの心に秘められた宇宙の真理を通して、大日如来である宇宙生命そのものに至り、**宇宙の真理と一体化する**ことができます。

それが空海の説く**「即身成仏《そくしんじょうぶつ》」**ということなのです。

現世利益を得る「三密の行」

真言密教の修法《しゅほう》は、自らの即身成仏を目的とする出世間《しゅっせけん》の修法と、現世利益《げんせりやく》を目的とする世間のための祈祷《きとう》修法とに大別されます。

私の修法は「現世利益を目的とする世間のための」祈祷修法になります。この利益をもたらすことにこだわっているお坊さんは珍しく、それが、私が異端と形容される所以《ゆえん》でもあり、主婦から経営者、家族、医者、別宗派のお坊さんまで相談に来る要因になっているのでしょう。

密教の行《ぎょう》の基本的なかたちは「三密《さんみつ》の行《ぎょう》」であります。

①身体的表現**（身密《しんみつ》）**
②言語的または音楽的表現**（口密《くみつ》）**
③聖なる尊像に対する観相**（意密《いみつ》）**

この三つの行を修《しゅう》さないといけません。

すなわち行者は、手に〈印相《いんそう》〉を結び、口に〈真言《しんごん》・陀羅尼《だらに》〉を唱え、精神を集中して心を〈三摩地《さんまぢ》〉の境地に入らせます（三摩地とは、行者が精神集中すること)。

これを一体化して行われるのが、密教の本来の行である〈三密瑜伽行《ゆがぎょう》〉と呼ばれるものなのです。

不動明王にお願いをして「善導」してもらう

また、真言密教では修法の一つに〈**護摩《ごま》**〉があります。少々専門的な話になりますので、読みとばしていただいても構いません。

護摩とは「供物《くもつ》を火に投げ入れて祈願する」という意味のサンスクリット語**「ホーマ」**の音写からそう呼ばれます。

真言密教では、薪《たきぎ》を煩悩の表示とし、智慧《ちえ》の火で煩悩の薪を焼き尽くすことを意味しているのです。

さらに、真言密教では、護摩には内護摩《ないごま》と外護摩《げごま》の二種類があります。

・内護摩《ないごま》……心の中で行者の智火《ちか》によって、もろもろの煩悩を焼き尽くすことを観想修念するもの
・外護摩《げごま》……実際に護摩木《ごまぎ》や供物《くもつ》を入れて焚《た》くもの

真言密教における現世利益を考えるとき、この護摩の修法《しゆほう》は重要な意味を持っています。この効験のほどは甚だしいもので、三十年間、毎月欠かさずに護摩を焚きに来る方が数多くいらっしゃるほどです。

「護摩＝（火の神格化といえる）不動明王」

つまり火焔《かえん》そのものを仏と見立てます。この火焔の持つ「エネルギー」の波が、行者の精神に振動を与え、仏（不動明王）と行者が共鳴し、行者の精神に変化を及ぼすのです。

このようにして護摩は修法するものに影響を与え、「善導」するのです。

自己の罪障を消滅させる火焔、罪業を消滅させ善導する不動明王、私たちが持つ

六つの大きな「煩悩」（驕《おご》り、慢心《まんしん》、邪心《じゃしん》、貪欲《どんよく》、無知、欺瞞《ぎまん》）を不動明王の護摩木に託して火を絶やさずに焚いていきます。

運が不調で災害や事故、病気などに見舞われている祈願者が、その不運から逃れるためとか、或いは、現在それほど運が悪くはないが、運をより向上させるため（強運）に「不動護摩」を焚きます。

あまりに時間をかけすぎる護摩祈祷の儀

「あらゆる災厄は生ずべき原因があって生ずる。その根源は業《ごう》である。天災地変から個人の病難、災難にいたるまで、さまざまな災厄を断ち切る法が息災法（息災護《そくさいご》摩《ま》）である」

あらゆる災厄は自分の身から出たサビであることを忘れてはいけません。

私はこの護摩行を祈願者に対して行う際、少なくとも一時間は火を絶やさずに焚き続け、祈願者の代わりに不動明王と向き合います。しかも、一度の護摩行では**必ず一人に対してしか行いません。**一般的な、同時に多数の人に対して祈祷をすることは一切しません。これは他のお坊さんと比べても、一人当たりでは圧倒的に長い時間をかけてとことん行っています。

もちろん、その間、一糸乱れぬ精神集中と菩提心《ぼだいしん》・煩悩心の開顕《かいけん》を要するのでタフな作業です。でもそれが可能なのは、過去に毎日の「行《ぎょう》」を重ねたその先に、**素直な心で向き合うことの大切さを知ったからにほかならないと思っています。**

これが、真言密教のお坊さんなのです。

豊かになると、いらないものまで手に入れる

人間、豊かになり過ぎると「欲」を持つようになります。

たとえば、「田植え」は、地域の人がお互いに助け合って共同作業（手植え）をしていたのですが、田植え機が代わりにやってくれることで共同作業はなくなり、身体を動かさずに頭を使って物事を考えることになりました。

人との親密さがなくなり、個人主義が出てきたのです。自分に関係のないことには知らんぷり、都合のいいことには笑顔という自分勝手な姿勢が見えます。そうなるとただでさえ感情が乱れやすいなか、ましてやそこに頭でっかちな「欲」がからんできますので、よけいな悩みが増えてきます。

情報なんて、信用するな！

最新の情報とか多くの情報は、私にとってはまったく必要なものではありません。**なぜなら信頼ができないからです。**

一時はブログとかフェイスブックを知らないといけないと思って、毎日投稿していたのですが、ある日、パスワードが誰かにイタズラをされて使えなくなってしまったのです。それ以来、こうしたSNSを信頼しなくなったのです。

情報にもほどほどという度合いがあります。物事には長所もあれば短所もあるように、適度なる情報があればよいのです。

IDとか暗証番号で日常生活が雁字搦《がんじがら》めになっています。忘れたりメモ書きを無くしたりしたらどうなることやらと憂うのは私ばかりではないと思います。

また、あまりに情報に依存していると判断に誤りが出てくるのではと考えています。スマホを常に手放さない習慣、これは私たちが意識しないうちに、ひそかに権威の足場を固めて、私たちを容赦なくＳＮＳの虜《とりこ》にしてしまうのではないかと思います。

こうしたことは、私たちの物事の本性を変化させ、判断力を鈍らせ、「心の視力」を狂わせてくるのではないかとも考えています。

現代はとにかく「過剰」です。農業では、水のやり過ぎが根を腐らせ、草刈り機に油を入れ過ぎるとエンジンは掛かりづらくなります。

感情は乱れ、心はどんどん冷えて、気づけば周りに争いごとばかりが起きています。情報過剰も同様に私たちの精神作用に必ず悪影響を及ぼすものだと考えているのです。

見え過ぎるほうが正しい判断を失う

私のもとに訪れる方たちは千差万別。これまでもお伝えしたように政治家、経営者、起業家、主婦、スポーツ選手、銀行家、学生など多種多様の職業であります。相談の方もいらっしゃれば、祈願護摩行《ごまぎょう》で来山される方もありまちまちです。

私は、新聞は五十年間読んでいません。またテレビはときたまニュースを観るぐらいにしています。

「正しい判断をする」には、最新の情報やより多くの情報を必要としないからです。情報を集めて頭でっかちになりたくないからかもしれません。

また、「正しい判断をするためには、できるだけ多くのことが、できるだけはっきりと見えたほうがいい」と言われますが、**私は見え過ぎることのほうが害になると考えています。**

ものが見え過ぎる人は、進んで混乱を招くことが多く、身動きが取れなくなってしまうこともあるからです。

今の世は情報が溢れ、見えすぎるのだと思います。**情報にとらわれるほど、欲望や執着は刺激され、心の冷えは進行してしまいがちです。**固定観念でガンジガラメになってしまう方も多く、情報も見え過ぎないようほどほどに見たり収集したりするほうが、穏やかな幸せを得ることができると思います。

第2章

「心の冷え」がなくなる教え

玄関に入ってすぐに「トイレ」があるのはよくない

「心の冷え」を問う前に、「トイレ」の話が出るのには驚かれるかもしれません。

しかし、心の冷えと「トイレの位置」には深い関係があります。

家族みんなが健康で、充実した仕事を持ち続けていくことは、決して簡単なことではないと思いますが、そこに家相が大きな影響を与えているとしたらどう考えるでしょうか。

実際、家の「間取り」の選び方ひとつで心の冷えを予防することがちゃんとできるのです。

充実した仕事に就く、自分の地位が向上する、金銭に恵まれることも必要ですが、仕事のため、会社のため、家族のためだと身を粉にして働いても、体調を崩したり、精神的ストレスがたまり身体が思うように動かなかったら、自分の抱いていた夢や希望とは正反対の結果が訪れてしまいます。

私は山形に本堂を建てる前、土地探しに三年ほどかけました。最終的に自宅から東北方位の土地が見つかり、大自然の中に住居を構えました。

家相は三千年ともいわれる長い年月を経て今日に至っています。人が生きるうえでの、そして人が住むうえでの真理というものがあります。そうした真理を勉強し地相、家相を長年見てきました。

家相は「動線」「光線」を重視するべきである

仕事がら経営者の方やご家族の方に地鎮祭を頼まれることも珍しくないのですが、そのときに家や部屋の配置図（家相）、設計図を見ます。その家に住む人の生年月日、干支《えと》を調べるのですが、部屋の間取りなどを見ると、家相の基本を無視したものがあまりに多いのには驚かされます。

こうした住居は、家相よりもデザインを重視しているため、往々にして部屋の間取りも合理的ではないのです。本来なら常に外気に触れなくてはいけないトイレや風呂を家の中心部に持ってきたり、ふだんあまり使用しない客間を陽当たりのよい南や南西につくり、肝心の自分たちがいちばん多くの時間を過ごす居間を陽当たりの悪い方位に持ってきたりしています。

こうした不規則な間取りも、その家に住む人がいつも太陽光を十分に浴びそのエネルギーの恩恵を授かっている、あるいは、住人の住みやすさ、使い勝手のよさを優先するという家相の基本的な条件を知らないか、忘れていることからくると思います。

家相は、動線のよさ（住人が使いやすく、動きやすい間取り）、光線のよさ（陽当たりがよい）などを重視して判断するものであり、オーソドックスではない変形の建物や不規則な間取りは、こうした条件を設計上、無視していることが多いのです。できれば避けるのがいいでしょう。

玄関は古来より〝顔〟としてその家を象徴してきました。玄関は訪ねてくる客が最初に接する場所でもありますから、対外的に与える印象は大きいと考えます。

しかし最近は、玄関よりも家族がいつも集まるリビングのほうが大切だという考え方が一般的となり、玄関は入口の機能を備えてさえいれば十分という家も少なくありません。

ですが必要以上に立派にすることはありませんが、玄関の規模や形は家とのバランスが取れていることが家相上では大切なポイントになっています。家全体の構えが立派でも玄関がとってつけたようなお粗末なものであれば、見た目のバランスが崩れ、家相的にも凶相となってしまうのです。

また玄関は、家の〝顔〟である主人の運勢、特に仕事運を左右する重要な場所であります。加えて、便所、台所、風呂場といった部屋と並んで吉方位でも凶方位でも、その現象が強く現れる場所でもあります。

玄関は家族に与える影響も大きく、方位ひとつ間違えれば、家運が大きく傾いてしまうことにもなりかねません。逆に玄関を吉相に変えると、サラリーマンなら出世運に恵まれ、事業家ならその事業が繁栄の一途を辿《たど》ることになります。

トイレの場所は五大タブーのひとつ

家相の五大タブーと呼んでいるもののひとつに便所（トイレ）があります。どこに置いてもよいことはない、不浄物の代表といえます。トイレには、吉相の方位はなく、あるのは比較的無難な方位と凶相の方位だけでその凶現象は「家族の健康に悪影響」を及ぼします。

昔なら考えられなかった間取りに、「マンションの間取り」があります。それも家の中心にトイレがあるのです。マンションなどの場合、採光のよい外側へ部屋をとることを優先するため、家の真ん中に不浄なトイレが残ってしまったというケースがほとんどでしょう。

玄関に入ってすぐトイレは、いうまでもなくこれは大凶相です。人間でいえば、心臓に欠陥があるようなものですから凶現象もひときわ激しいものとなっています。

たとえばこんな方がいました。

相談で訪れて来た四十一歳の会社役員の方が、マンションに引越してから三～四か月たって全身の倦怠《けんたい》感を覚え、次第に気力もなくなって「うつ病」と診断されました。

同僚の紹介で相談に来たのですが、「うつ病」とは考えられないとの本人の言葉からピンときて、方位を見たり、家相を見たりしました。**すると、やはりトイレが大凶相の位置にあったのです。**

「家の中心に沿ってトイレ・風呂の間取りがあり玄関からすぐの所です。家相では真北、十二支では子《ね》の方位にトイレがありますね」と原因を伝え、トイレの浄め方を教えてあげたのです。

彼はとにかくそれだけをまずは実践したといいます。すると、**数週間ほどで次第に身体の調子もよくなり、二か月後には元気な姿でお礼に来ました。**また彼は、働き盛りの自分から力を奪った家相について勉強したそうです。

トイレの清め方は、トイレ内の四隅に小皿に盛った塩を置くこと、小さな花の鉢を買って置くことです。塩は朝に新しく、夜に取り去って、感謝の心を述べて洗い流すことをするとよいのです。

それだけでも悪影響は大きく解消されるので安心してください。

玄関は主人の顔と仕事運に作用し、トイレは家族の健康に悪影響を与えるところですので、家相について勉強されると人生の不安がまた一つ、解消されると思います。

本章ではこのように、仏教に基づいた考え方や仏教と密接な関係である気学・方位学の知見から心の冷えを取り去り、幸せを呼び込む考え方のコツについてご紹介したいと思います。

「冷えた人」に、人は一切寄りつかない

「人間が持っているもので、一番恐ろしくやっかいなものはなんですか?」

と質問されたら、あなたはどのように答えますか。

「う〜む、心かな」

私はそう答えます。

私たちはコロコロと変わる自分の「心」にいつも惑わされます。

イヤなことやムカムカすることがあると、心は動揺して感情がむき出しになってしまいます。すると人は思わぬ行動を取ってしまうのです。罵声《ばせい》を浴びせたりして、本当は優しい言葉で伝えたかったのに、相手が傷つくような言葉を口にしてしまうのです。

これまで七十万人もの相談を受けてきてわかったことは、心が冷えていると、自分の思いとは違う行動や発言をしてしまうようになるということです。これはどんなに健康で元気な人でもいったん心が冷えると誰にでも起こります。「自分に限って……」と思う人ほど知らず知らずのうちに乱れた感情で行動し、なぜトラブルが起きているのかわからない、という状況に陥ってしまいます。心の状態は人の行動に大きな影響を与えてしまうものなのです。

心はますます冷えて、他人からは「あの人ちょっと……」と敬遠され、人づき合いが疎遠になってしまうのです。

人にはさまざまな感情があります

東洋医学の五行《ごぎょう》色体表には「五志《ごし》」として、臓器が司る感情を五つに配置しています。

「憂い、慶《よろこ》び、嘆き悲しみ、怒り、心配」などです。

また、仏教では「身口意《しんくい》の三業《さんぎょう》」として、私たちの「行動や言葉や考え」が人をつくる原点ともいっています。

私たちの「心《こころ》」は、生まれながらにして誰もが百パーセント「優しさ」を持って生まれてきています。しかし、育つ環境（両親・家族・家庭・教育）で「感情」が形成されると考えます。日常生活の中で怒りや悲しみ、不安、いらだち、憂いなど、心に次々と浮かぶ「感情」に振り回されて成長しているのです。

あるとき、つらい苦しい生活を強いられて生活をしていた人がいました。見た目にもその苦労が顔に表れたりしています。しかし、ある時期から顔に明るさが出て、それまでとは違った雰囲気で出会ったのです。

声にも明るさがあり、顔にも生気が表れていました。

「どうして？」と問いかけたくなり、話を聞きたくなりました。

「先生から聞いた話で考え方を変えたんだ。**心暗きとき、遇《あ》うところ悉《ことごと》く禍《わざわい》なり、**

眼《まなこ》明《あき》らかなれば、途《みち》に触《ふ》れて皆宝なりってね」

「弘法大師のお言葉だね。そんなことを話したんだ」

「先生に書いてもらった言葉ですよ」

パウチにしてある札を見ると、確かに私の筆跡のものでした。

「心暗きとき」とは、ネガティブになっているときという意味ではありません。**ポジティブのときであろうと、「偏った」見方しかできないのであれば「心暗きとき」ということになります。**

頑張り屋の彼はずっと「どうせ自分なんか」という考え方をしていました。友人たちと会話しても、彼が「どうせ自分なんか」と偏った視点から環境や立場を陰気に言えば言うほど、周りの人に陰気が伝播《でんぱ》していくので、いつしか友人たちもいなくなってしまったようです。

あなたの「背相」を知っていますか？

家庭内不和や離婚、子供の問題、家族の病気、会社内でのいざこざや倒産を前にした経営者たち、借金で苦しんでいる人。これまでありとあらゆる苦難に出合い、解決してきました。悩んでいる人はひと目でわかります。皆さん一様に暗い影が漂っているのです。

その影は特に「背相《はいそう》」といって、その人の後ろ姿に表れるのです。

私も昔は「あの人はなんだか影が薄い」と言われるのを知っていましたから、いつも鏡を見てはニッコリと笑顔をつくって外出したものでした。

自分の置かれた環境というものは、「自分の心の在り方によって変化する」ものです。

「心が汚れていれば環境も濁ってしまう」と弘法大師もおっしゃっています。

「心の汚れ」は「感情の乱れ」です。人と普通に話していると、突然に人の言葉のあげ足を取ってブスッとしてみたり、怒ってみたり、黙りこくってみたり、自分中心でないと気がすまず、会話の雰囲気が成り立たなくなってしまうことなどがあります。

「冷えた人」は気づかぬうちに「自分中心の我儘《わがまま》な人」になっているのです。

次第に人が離れていき、人間関係にもヒビが入って、人との交わりを避けるようになってしまいます。そして自己嫌悪に陥るキッカケが出てしまうのです。こうなると**「精神的引きこもり状態」**になり、もう周囲からの言葉も受け入れられなくなってしまうのです。

この世は「善因善果」と「悪因悪果」のどちらかしかない

「眼明《まなこあき》らか」とは、曇りなき目だとか、色眼鏡でものを見ないという意味の言葉です。物事を正しく見て、正しく考えるということでもありますが、何が「正しい」のかを判断するのはなかなか難しいと思います。

私が教わった「正しく見る・聞く」（八正道《はっしょうどう》）は、**ものの道理を見る目を養うこと**だと教わりました。仏教言葉に「因果応報《いんがおうほう》」という言葉があります。「因果応報」には二つの側面があり、一つに**「善因善果《ぜんいんぜんか》」**といって、善い原因をつくれば善い結果が得られ、もう一つに**「悪因悪果《あくいんあっか》」**といって悪い原因をつくれば悪い結果を招くというものですが、これが人間社会でいうところの**「道理」**なのです。

道理というのは、水が高い所から低い所へ流れるように、あるいは、誰にでも一日二十四時間であるように、人が「なるほどそうだ」と納得できることをいいます。この道理をわきまえた人は、毎日の生活のなかで何を見ても、素直な目で正しくものを見るのです。また、折に触れて何を経験しても、変な先入観を持たずに「素直」にそれを身につけます。

道理を身につけることは、冷えから身を守り、善因善果の人生を歩むことと同じです。

「心暗きとき、遇《あ》うところ悉《ことごと》く禍《わざわい》なり、眼明《まなこあき》らかなれば、途《みち》に触《ふ》れて皆宝なり」

この意味は、一つの考え方しかできないのであれば、それは心が閉ざされているのと同じで、どちらの方向であれ、偏った見方は物事を悪化させるもとになってしまう。同時に、ものの道理を見る目が明《あ》いていれば、自分自身の身の周りのものがすべて大事（宝）なものだ、と説いているのです。

彼の心に刺さった言葉は「眼《まなこ》」でした。出会う人や出来事に「宝」を見つけなければ、いつも「心暗き」と考え直したのです。日頃の行いが自分をつくることを知り、思い直して行動に出たということです。

やはり持って生まれた「心」は、優しさと素直に包まれているのでしょう。**そして素直さを取り戻した人は、必ず「行動」できるようになるのです。**

〝心暗きとき、
遇《あ》うところ悉《ことごと》く禍《わざわい》なり、
眼明《まなこあき》らかなれば、
途《みち》に触《ふ》れて皆宝なり〟

なぜ「葬儀」の依頼は断り続けているのか？

故人に対して、どうご供養をすればいいのか？

山形の本山に戻ると山の地蔵公園に出向きます。四季折々の景色は、いつも私の心を晴れ晴れとさせてくれます。お地蔵さまにご挨拶《あいさつ》をすると「来たか、ゆっくりと休め」と言ってくれているかのごとく安堵《あんど》感を覚えます。

空を見上げれば白雲が浮かんでいます。そんなとき、「おやじやおふくろは……友人は今どうしているんだろう」と思ったりします。故人ですから当然、この世界にいるわけがありません。私の守護仏は、阿弥陀如来《あみだにょらい》さまです。私たちお坊さんが葬儀で亡者に「引導」を渡すと、はるか西の天からは、阿弥陀如来が六人の地蔵菩《ぼ》薩《さつ》や二十五菩薩などを従えて、亡者の魂を迎えに下りて来てくださるのです。

そうしたこともあって、山を切り開いて八年がかりで公園をつくり、中央に三メートルの高さのお地蔵さまを安置した経緯があります。

誰でも両親とのつながりが何よりも強く深いものであり、本山に戻ってこの地蔵公園で両親への思いを馳《は》せ「おかげさまでこうなっているよ。お地蔵さんとともに、いつも気づかっていてくれてありがとう」と感謝の言葉を口にします。

こうした「おかげさま」の心と感謝の言葉を言い表すのが本来の故人に対する「ご供養」だと思っています。そしてその供養の気持ちは、自分を見つめる行為にも直結し、心のわだかまりを取り除く効果があります。だから祖先を大切にする人ほど落ち着きがあります。先祖があって、今の自分が生かされているのです。

泣きながら引導を渡す

幼少のころ、お寺の祭壇には、大きな葬式マンジュウとモナカがお供えされていました。坊主になればいつもこんなおいしいものが食べられるんだと憧《あこが》れていたことは確かです。山梨の親戚の家が寺大工でしたので、いつも遊びに行くとマンジュウとモナカが必ずあったのです。

大学生活も終わり社会人になるとノイローゼとなり、それを救ってくれたのがお師匠さまでした。手伝いをしていると相談に訪れる方は、経営者がほとんどでした。終わって一緒に食事をするときは何よりの勉強の時間でした。

「君は情がありすぎる。だから患者さんの気をもらい過ぎてしまうんだ。できることなら、生きて地獄を見たり、地獄を味わったりしている経営者やその家族のために力を注ぐといいと思うよ。その為には、易学、九星気学などをもっと勉強して護《ご》摩《ま》を焚《た》いてごらん」

この言葉が、祈祷《きとう》を始めたきっかけであるのです。

確かに葬儀は私には合いません。お弟子の息子さん、講演会のときの専属アナウンサー、私を育て上げてくれた会長などの葬儀の導師を務めたとき、「情」が入りすぎてとても葬儀にならなかったのです。特にアナウンサーのときは泣けて泣けて、骨壺に向かって引導を渡すときに使う散杖《さんじょう》で、「あれほど注意していたのに死んでどうするんだ！」と骨壺に向かって大声で怒鳴ったりしました。

お師匠さまは、私の心を見抜いていたんだと感謝するばかりです。

弘法大師の有名な言葉があります。

「生まれ生まれ生まれ生まれて生《しょう》の始めに暗く、死に死に死に死んで死の終わりに冥《くら》し」

「生まれ」という言葉を四回、また「死に」という言葉を四回もくり返し、生《しょう》の始めに「暗く」、死の終わりに「冥《くら》し」と暗《あん》と冥《めい》を使いわけています。

四回とは四代のことであり、「暗《あん》」は自分が生まれる四代も前から生まれるという経験をしているのに、人はなぜ生かされているのか、誰も知らない。目の前が真っ暗闇のままで生まれてきた、ということです。

死もまた四代にもわたって経験しているのに、人はなぜ死ぬのかわからないまま、みんな冥土《めいど》へ旅立ちます。それを「冥《くら》し」といっているのです。

では、冥土で立派に生きるためには、この世でどんなことをすればいいのか？

古くから「親族のなかより一人《いちにん》出家せば、九族天に昇る」といいます。冥土《めいど》での生き方を悟り、それをこの世で実践している人は、その人の一族と、過去四代の四族と未来四代の四族と合わせて九族が天国に昇ることができる。葬儀にかかわる引導について、中国の禅僧・黄檗《おうばく》禅師が初めて引導を渡されたと伝えられています。

黄檗禅師は母親の亡骸《なきがら》を抱き、河原の薪を拾い集め唱えました。
「一子出家すれば九族天に生ず、若し生天せずんば諸仏を妄言《ぼうげん》す」
一喝して炬火《たいまつ》を投じ、荼毘《だび》にふしました。

こうした話をお師匠さまから聞いて僧侶になる自信もつき、加持祈祷《かじきとう》の坊主となり、自分の先祖を救うためにも、護摩《ごま》祈願の際は、必ず「先祖因縁解脱《いんねんげだつ》」として「先祖供養」を皆さまにしていただいているのです。

皆がみな出家する必要はありませんが、**生き方を悟り、実践する人はそれほどまでに立派であり、幸せな人生が約束されているということです。**

ご先祖様との「縁」を大切にすることも、素直さを育てる習慣のひとつなのです。

学びも成長も「ただ聞く」姿勢から生まれる

私は「素直」な一面もありますが、そうでないところも多く持っています。たとえば、

①自分のやり方を変えたくないために素直に耳を傾けられない
②恥ずかしい気持ちを隠したいから本当の素直な気持ちを話すことができない
③自分の気持ちと反対の言葉がつい出る

三項目ほど私の今までの欠点を反省として書いてみました。自分をよく見せようと見栄を張ったり、自分をごまかして見せたりと、「嘘」をつき周囲を疑っていま

した。

それでも僧侶としてはとても「素直」になれる自分がいます。

「僧侶としては」というと不思議かもしれませんが、なぜかと申し上げますと、仏教の経典は、**「如是我聞《にょぜがもん》」**という言葉で始まっているからです。この意味は、「私はこのように聞きました。この真理は絶対のものですから、疑いを抱いたり、不安を持ったりせずに、信じて素直に耳を傾けなさい」と書いてあるのです。

ブッダが語られる珠玉の言霊《ことだま》を、弟子たちは澄み切った心の素直さで聞き、血肉としていきました。ブッダの教え伝える経典は、ブッダが入滅《にゅうめつ》されてから四～五百年経ってまとめられました。それまでの教えは口伝――口から口へと語り継がれています。

つまり、仏教は「ただ聞く」という姿勢から始まっているといってもよいのです。

素直に聞き、素直に感じて行動を起こすところから学びが始まり、それができなければ、何もかもがうまくいかないのです。

子供から秘訣を教わりなさい

もちろん、私もすぐに素直になれたわけではありません。

当初、自分一人での読経《どきょう》はたどたどしいものでした。全員で上げる読経のときなど、経文を目で追い、耳に全神経を集中して、小さな声で唱えていたことを覚えています。

間違っては恥ずかしいし、読経で遅れをとったらわからなくなるという執着や迷い、よく見せたいという欲望など、心を汚すものに支配されていました。そのような「心の塵埃《じんあい》」がなければ身体を壊すこともなかったのに、と今ならわかります。

普段、常に声を出してお経を読むことをしていないと皆にはついていけません。しかしお経とは大きな声でも小さな声でもいけません。普段の声の出し方で読経しないといけないのです。

しばらく経ったある日、ようやく自然に読経できるレベルにまで達したと感じたことがありました。すると、周りを気にせずにスラスラと普段の声でお経を読み上げている自分がいることに驚いたのです。

自分に自信が持てないときの行動は、往々にして小さな行動を取ります。つまり「動けなくなる」ということ。自分を見栄や嘘で飾ろうとしてしまいます。そんなときの自分には、三つの原因があります。

・自分に自信が持てないとき
・弱気になっているとき
・自分の意見を伝えることができないとき

私たち人間はこれらのことに縛られがちです。しかし、縛られていない人たちもいます。**それが「子供」です。**子供たちを見ていると、これらに縛られないためのシンプルな秘訣《ひけつ》を教えてもらえます。

・人やものに対する好奇心を持つ

たったこれだけです。

「先生、あの人はどういう人？」

「あれはどうしてこうなるの？　わからないから教えて！」

自分の気持ちを「素直」に相手に伝え、聞くことを子供はしています。

ものごとに対して、人一倍の好奇心を持って相手に接します。

自分の考え方や性格を変えるということは難しいことのように思うかもしれません。しかしそれは、ちょっと「行動を変える」だけでできること。それに尽きるのです。

東西を気にしなければ、南北だって気にならない

今の自分に起きていることは、すべて若いときに自分が種を蒔いたことであり、不本意なことが起きても否定しないで受け入れて、今を精一杯に生きる。これが「道を開く」ことにもつながります。

若いころ、密教の現世利益《げんせいりやく》を求めて「常念必現《じょうねんひつげん》」という般若心経《はんにゃしんきょう》を読経《どきょう》するCDを発売したことがあります。**このCDはiTunesの「ワールドミュージック部門」で六か月連続二位を記録し、テレビ番組のテーマ曲にも使用されるなど、たくさんの方に聞いていただくこととなりました。**

般若心経をゆっくりとしたテンポから速いテンポまで読誦《どくじゅ》しているのですが、当時は、「般若心経百万遍《はんにゃしんきょうひゃくまんべん》」読誦《どくじゅ》する目的を持っていました。

「百万遍」を読誦《どくじゅ》するのには単純計算で二十五年は掛かると考えていましたので、寺建立の目標にはちょうどよい年になると思ったのです。

自己完成より人格完成を目指しなさい

あるとき心経読誦百万遍の功徳《くどく》により高度の超能力と霊能力を授かった、念写《ねんしゃ》と石笛《いわぶえ》演奏で有名な小原弘万《ひろかず》氏とお会いしたことがあります。

そのときに「自主の教え」を教えていただきました。

「自己の拠所《よりどころ》は、自己のみなり
いずくんぞ他によりどころあらんや。
自己をよく調御《ちょうご》せよ。
しからば得がたき拠所を得るならん」

そして、私にとって両刃が刺さる言葉を聞いたのです。

「いたずらに神仏のみにたよる心を捨てて、自己（分）を神仏に近づける努力を励む」

この言葉が意味するところは「人をあてにするから、人によって裏切られもするし、お金を依りどころとするから、お金によって裏切られもする。自己の依りどころは、どこまでも自己であり、最も愛すべきは自己であり、最も大切なものは自己である」というものです。

釈尊（迦）は常に〝自己完成〟をくり返し教えているのだと、このとき教えられたのです。

「自己完成から人格完成という大目的に邁進《まいしん》する努力に対してのみ、仏天《ぶってん》の偉大な力は加えられるもの」

「それに気づかねばいけません」とも言われました。

自分の思いは、「寺建立」ですが、その欲望だけでは幸せに達成することはできないし、また欲望によって裏切られる。自分に執着する欲望をほぐして、人格完成にも挑戦しなければ「寺建立」は成就できないと、そのときに初めて気づいたのです。

常に心は「同行二人」にあり

四国遍路は私にとって「行《ぎょう》」であり、現在でも春秋彼岸期間に必ず巡拝しています。

遍路姿は白装束であり、富裕であろうと、貧しくあろうとみな等しく同じ姿の一《いち》笠《がさ》、一杖《いちじょう》に「笈摺《おいずる》」といって白布で作られた白衣《はくえ》を着るのです。

白い足袋に手甲《てっこう》、脚絆《きゃはん》、一杖《いちじょう》が卒塔婆《そとば》になるよう、四国八十八か所霊場を開い

た弘法大師がいつも一緒だと思って巡拝するのです。一笠《いちがさ》（遍路笠）の上には、

「迷うが故に三界に城あり
悟るが故に十方は空なり
本来、東西なければ
何処《いずこ》に南北あろうか」

と書いてあります。意味は次のようなものです。

「人間にはみんな、欲の心と、怒りの感情と、グチを言う心があるから、さまざまな煩悩がおこる。それは、どこの世界へ行っても、心に城を築くことだ。ところがいったん悟ってしまえば、上下も左右も、自分の周りには何もない、まったくの自由だ。もともと東西を気にしなければ、南北だって気にならない」

もっと簡単に言うならば、**「悟りを求めて心身を浄めれば、さまざまなこだわりが消えて心が安らかになる。**南や北とかのこだわりを捨て、おおらかに世の中を渡ることだ」と解釈します。

白衣「笈摺《おいずる》」の中央には、「南無大師遍照金剛《なむだいしへんじょうこんごう》」と書かれています。また「金剛杖」にも「同行二人《どうぎょうににん》」と書かれています。

この「同行二人」の四文字が書き添えられていることは、巡拝者がたとえ一人であろうと、お大師さまと一体で歩いているんだよ、との心を表しているのです。

遍路行とは「心の鬼」を退治するすごい方法

仏教の教えの目的は**「成仏《じょうぶつ》」**することであり、成仏とは仏さまと自分とが一体になることを意味しています。

それが仏道における一つの幸せの姿でもあります

遍路行は、日々多忙な在家の人々に信仰の深さを、身をもって体験せしめるものです。ですから密教僧の私にとっては、この五十年間、尊い一つの修行だと思って欠かすことはありません。

札所のお寺を順番に巡り、故人の菩提《ぼだい》を弔うとか、自分の願意を祈るとか、お札に書いて納札します。

故人の菩提を祈ったり、現世の欲望そのままにお大師さまのお慈悲を求めるわけですが、この巡拝中はまったく日常の我儘《わがまま》は起こりません。苦労を味わうほど、仏さまのお力を有難く感謝するようになります。歩いているうちにお大師さまの教えを心に念じ、苦しみ悩む原因である罪障の自覚と懺悔の心が自然に湧き出てくるのです。

長い道中ですから、深い反省の心、懺悔する心が感謝の心となり、唱える「般若心経」にも力がこもります。

巡拝《じゅんぱい》の途中で、知らぬ人から受ける言葉、「ご苦労さん」のひと言の有難さ、あるいは「ご接待」をしてくださる方にも感謝の念が出ます。平常では「なんだこんな物」をと思うことが、「同行二人《どうぎょうににん》」の心になって初めて心から有難いことだと知るのです。

自然に我執《がしゅう》の「心の鬼」が消えるのです。

自然というものの美しさや偉大さも、物の大切さも、また人情をも知るのは「遍路行」ではないかと思います。

何か悩みを抱えてどうにかしたいと思っている人は、ぜひ一度体験することをお勧めします。行ってみるだけで、その後のあなたの生活は一変することでしょう。

大阿闍梨・酒井雄哉との邂逅で得た教え

忙しい忙しいは死ぬまで同じことであります。損得の計算の生活から離れてみることもいいでしょう。

いくらお金がたくさんあっても威張る心や世間の地位などは、この遍路行中には寸分も出てこないで、やがて自分の実の宝ともなる**「謙虚な心」**を発見します。お遍路さんたちと会うとき、互いに交わす「合掌《がっしょう》」と「ご苦労さん」の挨拶をする心は、札所《ふだしょ》を重ねるうちに、初めはぎこちなく感じたものが、だんだんと自然に出るようになり、一歩一歩おのずから浄化され、仏さまと一体となるという有難さが感じられます。

巡拝中、病身であったり、大きな悩みがあったりして一心に祈っている姿を見かけます。どうぞ救ってくださるようにと頼む姿に感銘を受けます。

自分を中心とした願望ではありますが、**人間らしい赤裸々な心をそのまま仏さまの前に正直に投げ出して救いを求めている姿は坊主の私でも勉強しなければと考えさせられます。**

千日回峰行《せんにちかいほうぎょう》をした大阿闍梨《おおあじゃり》・酒井雄哉《ゆうさい》氏にお会いしたときの話ですが、**「執着が**

あるから悩むんだ。無我夢中で歩くことで執着する心がなくなるんだ」とも言っておられました。

相談に来る方に足の状態について聞いてみると、やはり「足が冷たい」と言うのです。

あるとき、「手のベトベト、足の冷たさ」を重点的に調べたのですが、該当する人は、十人中十人、大なり小なりの「悩み、不安、憎しみ」を持っていました。

心の冷えが悪化すると、どんどん人は「歩かなく」なります。

そうして身体もどんどん冷えて、体調も崩し、「悩み、不安、憎しみ」をさらに増幅させるという悪いスパイラルに陥ってしまうのです。

〝いたずらに神仏のみにたよる心を捨てて、自己を神仏に近づける努力を励む〟

だまされる人は「素直な人」じゃない！

二～三年前より「電話詐欺に注意」とテレビで言ったり、銀行のATMにも大きく注意書が貼ってあったりします。詐欺とは、他人をだまして錯誤《さくご》に陥れ、財物などをだまし取ったり瑕疵《かし》ある意思表示をさせたりする行為です。

素直だからだまされると考える人もいるでしょうが、これは「素直」という話とは次元が違います。

詐欺に遭うことは「欲が絡む」ことが底辺にあるからです。もちろん弱者の弱みにつけ込む詐欺は許し難いものですが、相手の話に乗って「こうなりたい」「こうしなきゃいけない」という想像を自分なりに大きくしての「思い込み」が原因であると考えられます。この「思い込み」に対して仏教（禅語）では**「莫妄想《まくもうそう》」**という言葉があります（莫《まく》とはなかれ、禁止という意味です）。

人は思い込みによって自分の行動を縛ってしまうもので、考えても仕方ないことを考えたばかりに失敗してしまうこともあるのです。

莫妄想《まくもうそう》とは、真理を悟るために正しくない考えを捨てなさいという意味です。では、正しくない考えとは何かというと、「○○しないといけない」「○○に違いない」といった思い込みを指すのです。

まさに欲望から生まれる迷いや執着といえるでしょう。私たちの日常には、この「思い込み」にはまって身動きできない人も多いと思います。

普段とは違う行動をあえて取ることも、思い込みから離れてみる習慣としては大切なことなのです。

嘘のない自然、嘘のある人間

私はトラクターや耕運機を使って田畑を耕していますが、そのときは、必ずお経を唱えることをしています。田畑をつくった先人たちのために、また、自然の恵みに対して感謝からのお経でもあるのです。

「自然には嘘がない、そこに住む人間だけが嘘をつく。その嘘も破壊的だ」

春になると木も草もいっせいに芽を出し、花が咲きます。夏には葉が茂る、秋には実がなる。葉を落として冬を迎える。自然は決まったルールで移りゆきます。そこには嘘がありません。

道理はその自然から学び、時をじ〜っと待つことも教えてくれます。

しかし、およそ自然とはいえない環境で作物をつくり、ケージに入れて動物を育てる。だまして育てたもので身体を養っているのが今の人々です。私たちは、嘘を平気でつくようになりました。日常生活のなかにたくさんの「嘘」が混じっています。

毎日が嘘に溢《あふ》れていれば、毎日「疑い」を持って生きなければならず、ストレスやプレッシャーの大きさは計り知れません。

実際、その嘘の毒に当てられて多くの人が心を壊して、身体全体が冷えて人生を不幸にしてしまっています。このままでは、この世はどんどん無機質になり、温度を失って壊れていきます。

「素直さ」とは「ありのままで、飾り気のないさま」です。ブッダに倣《なら》って自然と触れ合う習慣を持つことも絶やしたくない習慣の一つです。

幸せになるために
心が素直になっていく 和尚からのひと言アドバイス

〝自然には嘘がない
そこに住む人間だけが嘘をつく〟

幸せはいったい何で決まるのか？

「素直」になることは、あらゆることに重要な位置を占めています。

たとえば、患者が医師から言われたことを、自分の意思を別にして「やってみる。行動してみる」ことが大切です。

なぜ自分の意思を別にするかというと、**あなたが崇高な「意思」だと思っていることの多くは、煩悩や執着など、いわゆる「心の塵埃《じんあい》」であることがほとんどだからです。**

お母さんに当初は反抗していた小学校時代のことを思い出したらいいと思うのです。

自分が「食べたくない」と思ったニンジンやピーマンでも、最終的には母親の意見に「素直」に従って食べてきたから成長してきたのです。

「固まり具合」を気軽に顕在化する方法

「心の冷え」の原因となるものはたくさんあります。

恋愛、友情、家庭、職場、親子、介護、病気、お金など細かく言えばキリがありません。私たちの心はちょっとしたことでザワつき、すぐに塵埃《じんあい》を積もらせ心を凝り固まった「冷え」の状態にしてしまいます。

左の六項目は、私が借金の返済をするときに手帳に書いたものです。

①あなたの今のストレスはなんですか？
②何日間も頭から離れない問題はなんですか？
③ちょっとしたときに思い出す問題はなんですか？
④こうしたいなという思いはなんですか？

⑤こうなったらいいなと思うことはなんですか？
⑥夢、希望、目標を羅列しよう！

その答えは次のようなものでした。

①~③の項目……自分の「不安や恐怖」
④の項目……「こうした状態から早く脱出したい」「次に元気さだ！」
⑤の項目……「晴れて明るい笑顔だ！」「返済額を半分に」
⑥の項目……「夢—大自然の中での鐘の音。希望—人縁づくりと汗を流す農作業。
目標—時期を調べて『北方位』へ出向く。必ずできる」

このように書いていました。
①~③の項目は自分にとってのマイナス言葉でそのとき抱えているストレスです。
これはそのまま私の**「心の冷えの固まり度合い」**を表していました。

④はプラス・マイナスがゼロでありながら、心はプラスに傾いています。⑤〜⑥の項目はプラス言葉になっています。

こうしたやり方で、自分の「心の冷え」（ストレス）の原因を目に見える形に顕在化することで、自分の煩悩や欲望・執着に視覚的に気づくことができるようになります。

空海が書いたであろうと思われる『実語教《じつごきょう》』という本があります。これは善意について述べた教えであり格言集でもありますが、その一節にはこのようにあります。

《悪について》
「悪を好む者は禍《わざわい》を招く。たとえば響きの音に応ずるように」
《善について》
「善を修《しゅ》する者は福をこうむる。あたかも身に影の従うように」

善悪が対になった格言です。悪いことをすればその報いによって苦しめられ、よいことを行えば幸運が舞い込むということであり、「自ら引き寄せる福」を取り入れなさいというのです。

「人の話を素直に聞き、昨日を否定せず」

そのように自分を誡《いまし》めていたのですが、空海の教えに改めて感銘を受けました。

仏教では、昨日と今日と明日をひとつにして、**「今日只今《こんにちただいま》」**であるといいます。

今日只今は、昨日という「因」があって、さらに今日という「縁」があって、明日という「果」が生じるということ。因縁があって、果が生じるのです。

原因があって今があって、さらに今の要素も加わって結果が生まれるということを意味します。つまり「昨日と今日と明日をもって今日とする」ということ。

ですから、昨日のことにはとらわれないのが仏教の教えであります。原因を見きわめることは大事ですが、それがわかったらもうとらわれない。「起こしてしまったことは否定しないで受け入れる。不本意なことでも受け入れて、今日を精一杯生きる。明日を見て、明日のために生きる」ことなのです。

幸せに直結した配達アルバイト

「幸せとは」あなたにとってなんでしょうか。

私は若いころから「稼ぐ」ことが好きでした。負けず嫌いで、人一倍努力したと思っています。

その当時の「幸せ」とは、自分で働いて得たお金で品物が買えることでした。本、自動車、電気製品といろいろありましたので、春、夏、冬の休みのときは必ずアルバイトをしたものです。

大学時代は特に「稼いだ」と思います。お中元やお歳暮の配達。今でいう宅配便です。朝早くから荷物を自転車に積んで夜の七〜八時頃までズボンが擦《す》り切れるくらい一軒一軒に配達して回ったのです。

給料は歩合給でしたので一か月六〜七十万円をもらっていました。

目標・目的を持ってのアルバイトでしたので、ある品物を購入したら、残りは半年間の小遣いにしていました。「目標・目的」を達成し、自分は何事もできると思えることに「幸せ」を感じていたのかもしれません。

ワクワクするお宅訪問

読書をする本は実務書や人物書ばかりを購入したので兄と喧嘩《けんか》をよくしたものです。

「兄さんは小説しか読まない。おれは実務書だ。人生はお金を稼ぐことだよ！」

その当時、私が山梨で育ったこともあり、小林一三《いちぞう》（阪急電鉄創設・宝塚少女歌劇を創始）、根津嘉一郎《かいちろう》（東武鉄道など）、雨宮《あめのみや》敬次郎（甲州財閥）、若尾逸平（甲州財閥）など、実業家の本をよく読んでいたのです。

特に小林一三と根津嘉一郎の比較、雨宮敬次郎と若尾逸平の比較をして、どんな「苦難」をしたかを考えたことがありました。

小林一三、根津嘉一郎、雨宮敬次郎はともに鉄道、若尾逸平は銀行家といった人物像を読み比べて「彼らのように自分に負けない強い人物」になろうとしたのです。

また、自転車での配達は「夢」を与えてくれました。あるお宅には毎日品物を届けます。自宅も門から玄関まで歩かねばなりません。

「このお宅の人はどんな人物なのか、どんな仕事をしている人なのか、品物の山になっているのかな？」

それを考えるだけで楽しくなったものです。

受領印をもらうと「今日もご苦労様ね！　お食べになってね！」とお菓子や果物をいただくのです。

学生時代にこうした経験があるものですから、私も荷物を運んで来てくれる青年たちに時々、「疲れてるだろう！　お菓子のご接待だよ！」と言って手渡しする習慣になっています。

雷オヤジからもらった一冊の本

ある日、あこがれていたお宅に荷物を配達すると、初めてご主人が出て来られました。

「ご苦労さまだね！」と言って冷たい飲み物を手渡されました。

お礼を言いながら、「いつも奥様に優しくしてもらって感謝しています。日に三回もお届けしたりするのです。ありがとうございます」と言いながら立ち話をする機会を得たのです。

「大学生だね！　アルバイトをして何をするつもりだね？」

「大半が書籍代で消えます」

「では、いい本を君にあげよう！」

と言われて、いただいた本が「五島慶太の本」でした。

「西の小林一三、東の五島慶太」といわれた東京急行電鉄の創業者の本でした。

山梨県生まれの小林一三、長野県生まれの五島慶太。この本を手渡してくれたのが、東急電鉄の二代にわたる大番頭の田中勇《いさむ》さんだったのです。

当時、不要な照明の節約や裏紙使用を奨励し、資源活用やコスト削減を徹底させた財界では有名な方からいただいたのです。

こうした人物だということを知ったのは後からでしたが、当時から「雷オヤジ」では有名な人でした。

小遣いをためて父親に〝東急電鉄〟の〝株式〟を買ってもらい、年一回の渋谷・東急文化会館での株主総会に出たのが、私の「株主デビュー」でした。

「財界人と縁を持とう！」と考えたのもこのころであり、また「人生について」考えたのも十九～二十歳の年代。

お金も縁もまだありませんでしたが、幸せに満ちていました。

幸せとは心で感じるものです。

バブル期、「寺建立」に燃えて株式投資に手を出して失敗したことは、お話ししましたが、**「心の塵埃《じんあい》」が積もった状態の私が幸せを感じるときは、当時まったくありませんでした。**

目標を持って配達し、田中さんに勧められるままに「五島慶太の本」をむさぼり読んだときのことを私は忘れないようにしています。

〝昨日と今日と明日をもって今日とする〟

第3章

運気がどんどん上がる過ごし方

誰にも心を開かなかった自閉症の男の子

ある日、本山に訪れた方に自閉症のお子さんがおられました。耳にはヘッドホン。食事をするのを見ていても、**音刺激にかなり過敏**であることがわかりましたので、父親にうかがったのです。

「音刺激に敏感のようですので護摩《ごま》中の鐘の音や太鼓の音は大丈夫ですか？」

「飛行機に乗って来ても大丈夫でしたから大丈夫と思います」

「私の知るところの自閉症の症状には、掃除機やハンドドライヤーの音が大嫌いというお子さんがいます。もし、いやがったら護摩中でもよいですからお堂から出てもらっても結構ですからね」

そうお話をして護摩行《ごまぎょう》に入ったのです。一時間はかかる護摩行ですので心配したのですが、お子さんは熱心に護摩行に参加していました。

私の護摩行は激しいものですから、鐘の音、太鼓の音、錫杖《しゃくじょう》の音などが堂内に響きわたります。ただでさえ、周囲の環境刺激の受け取り方がとても敏感なご子息ですので気にはしていたのですが、堂内に漂う「気」は変わらなかったのです。

護摩後、堂内でご子息を見るとヘッドホンを外していることに驚きました。

「ヘッドホンを外していて大丈夫なのですか？」

「自分から外したので大丈夫です。不思議です！」

小さなお子さん連れで護摩祈願に訪れる方も多いのですが、途中からスヤスヤと眠る子がいます。堂内の雰囲気と読経《どきょう》の波動が合致するようで、子供たちにとっては心地よい響きになるんだと思っていましたが、それでも音に敏感なご子息がヘッドホンを外したのは不思議としか思えませんでした。

鐘の音は「同じ」とは限らない

部屋に戻って「鐘の音」に関しての弘法大師の言葉を探しました。

「洪鐘《こうしょう》の響き、機《き》に随《したが》って巻舒《けんじょ》す」

(大きな釣り鐘の音は、それを聞く人の機根《きこん》によって、大きく聞こえたり小さく聞こえたり、伸びたり縮んだり、さまざまに響く)

同じ鐘の音を聞いても、人はさまざまな感じ方や受け取り方をするものです。鐘の音ばかりではありません。人の話も同様です。こちらが誠心誠意、真心を込めて熱弁をふるっても、相手の耳にはさっぱり通じないことがあります。

反対に、こちらが何気なくしゃべったひと言が、深く相手を感激、感動させたりします。

お釈迦さまは、特に人間の機根《きこん》ということを大切に考えられたようです。

機根《きこん》というのは、お釈迦さまの説法を聞いたとき、その人の精神にスイッチが入って電流が流れ出す能力、またはエネルギーのことです。

桃の木は三月の末から四月にかけて、機が熟して花を咲かせる、実がなる機根《きこん》を持っています。

子供は三～四歳になればアイウエオを覚える機根《きこん》を持っています。

機根《きこん》は素晴らしいものがあります。慈愛の気持ちで、じっと見守っていれば思いがけないときに、思いがけない言葉が口から飛び出てきます。

翌朝、朝食をすましてお帰りになるとき、ご子息から思いがけない言葉が出ました。

「お世話になりました。ありがとうございました！」

父親が教えたであろう言葉でしょうが、とてもうれしく思ったのです。

「また、いらっしゃい」

素直に「はい！」との返事です。ご子息の「心を動かした」ことは間違いないことでしょう。

「心を動かす」は「心の冷え」を一気に取ることと、いつも言っております。

「素直な気持ちで表現できたな」

この一日は、私にとっても大満足の一日であったことは、いうまでもありません。

怒っているときには素直になれない

東洋医学では「肝」を診て怒りの有無を確認します。

「怒り発すれば肝」。五臓《ごぞう》を呼ぶときは、まず「肝」、つぎに「腎」と続きます。「肝・腎・腸」がうまく整っていると「元気」になります。「元気」の「気」は一番「肝」に宿っているのです。

「肝」は、現代病のストレスを一手に引き受けているといっても過言ではありません。肝は解毒作用などの働きがありますが、「意識や感情など」の精神面も担っていますから、「五志・五情」は「怒り」と表されるのです。

その観点からいうと、怒りというのは大変やっかいです。

怒っているときは、まず素直にはなれません。東洋医学からいえば「頭寒足熱」に反して、「頭熱足寒」の状態に陥っています。「怒る」と足が冷えてしまうと同時に、頭が熱くなる（循環代謝が悪い）から、ちょっとしたことでも怒りが出てしまうのでしょう。

怒りというのは、心はもちろん、身体も急激に冷やします。まさに「心の冷え＝身体の冷え」を発現させる原因となります。平常心はなくなり、素直さはどこへやら、です。

相手に対して言いまくる、感情をぶつける、相手を無視する、自分勝手になる、やることなすことすべてにダメ出しをする、自分を誇張してしまう……。

こんなことをくり返せば、あなたを取り巻く環境はどんどん悪くなってしまいます。

カッと怒りが湧いて出たと思ったら、ゆっくりお風呂に入って温まるのが最良の対策です。時間がなければ、数分でいいので「足湯」をして全身に温かさを沁みわ

たらせてください。そうすれば怒りの感情は収まり、トラブルは未然に防げます。五十数年、即効性でいえば、これに勝るものはいまだありません。

利益は「ご利益」に還元する

夏目漱石は「草枕」の中で次のように言っています。

「金は大事だ、大事なものが殖えれば寝る間も心配だろう」

とはいえ、「金が欲しい」と今でも人々は言うでしょう。

企業では「利益《りえき》」を上げろと言います。その利益を生むために人々は常々と働いているのです。

「利益ってなんだ？」と聞くと、「お金だ」「儲《もう》けだ」と聞こえてきます。企業にとっては、お金を把握するところは、経理部の人、決算の数字、損益分岐点などに当たりますが、**利益というのは、まず「お金」を生んで「得」をすること。そして「役に立つ」という意味もあります。**

五パーセントに振り回されて生きるのはやめる

利益の上に「ご」をつけてみるとお寺さんでは「ご利益《りやく》」となり、あそこのお寺さんで「おかげを受けた」とか、「ご利益《りやく》がある寺だよ」とかいうことになるのです。

しかし、お金は万能ではありません。**近年は特に万能と信じてお金に執着している人が多いようにも思います。**

目に見えるものしか信じないようになり、金を儲けるためならどんな手段に訴えてもいい。自分が成功するなら他人を陥れてもかまわない。地位や権力を利用して不当に欲しいものを手に入れる、そんな感覚が政治家、起業家、世間一般にはびこって、モラルは地に落ちてしまったようです。

世の人の利益になるために財産を使えば、目に見える「有形の財産」は失ってしまいますが、それによって大勢の人が救われれば、「無形の財産」ができるのです。徳という無形の財産を増やすことを**「積善の業」**といって、善い行いを積み重ねてゆくと、「ご利益《りやく》」が得られて、子供や孫の代まで栄えていくのです。

人間にとって本当に大切なものは、じつは目に見えないものなのです。**物に代表される目に見えるものなど、大切なもののせいぜい五パーセントあるかどうか、九五パーセントは見ることはできません。**その五パーセントに振り回されて生きていると感じたら、いや、それを得るためだけに一生を費やしてしまっているとしたら悲しいものです。

当然、日々の生活には必要不可欠の「お金」ですが、「ご利益《りやく》」を得るために努力することが大切だと思います。**利益《りえき》をご利益《りやく》に「還元」することを知ったとき、初めてご利益《りやく》が利益《りえき》を生むということがわかると思います。**

「お金は健康でなければ生み出せません」と最初に書きましたが、健康であればどんな人でもお金をつくることができると私は思っています。

もっと「お金」を目標にして生きなさい

生きるということはさまざまな「おかげさま」に支えられていると思います。**この世界に「おかげさま」なしに成り立っているものなど、一つとしてありません。**

現在、私たちが享受している文明も文化も、思想も哲学も、あらゆる科学も、「先人」たちがもたらしてくれたものであることを忘れてしまったようです。

「積善の業」という言葉を紹介しましたが、「おかげさま」を積むことで、徳が高まり「ご利益《りやく》」を得ます。**怒ってばかりいたり、他人の足を引っ張ったりしていては、徳は積もりません。他人を羨《うらや》ましく思ったりするのも、執着や欲望なのでやめましょう。**

私たちは、もっと「お金」を目標に据えて生きることが幸せに直結します。しかし、「もっとお金を目標に」というのは、「他人より儲けてやる」といったことではありません。

まず「健康」を軸に目標を定めること。そして心と身体の「健康＝元気」があれば「ご利益《りやく》」が生まれ、「利益《りえき》＝お金」として必ず返ってくるよ、ということなのです。

〟「おかげさま」を積むと
ご利益《りやく》を得る。
そのご利益《りやく》が利益《りえき》として
返ってくる〟

欲は捨てて、慾を持て

「ここまで働いてもまだ働く。いやもう少し働くか。この原動力は欲しかないな」

私が時折、相談者に伝える言葉です。

そんなに働いても大丈夫ですか、なんて心配してくれなくていいんだ。人間は欲がある内は働くしかないのだ、と。

欲によって感情を乱されるのは冷えにつながるとこれまでお話ししてきましたが、欲が完全になくなると生きる力、働く力もなくなってしまいます。つまり、**「どんな欲とのつき合い方をするか」**が肝心なのです。

「欲の持ち方で、他人は自分を評価する」

周りの人に迷惑を掛けない気配りとともに、欲を持っていられるかどうかを考えなければいけません。

「欲」でも、心がついた「慾」があります。

食欲、性欲、睡眠欲、金銭欲、名誉欲、権力欲、事業欲、知識欲……欲とは限りがないものですが、今の欲には心がない。自分だけの欲になっています。昔は心があった「慾」を持っていました。朝から深夜まで心を込めて「慾」のために働く。自分勝手な「欲」のためでなく、人のために働けば、疲れることはありません。慾が原動力であれば**「自利利他《じりりた》」**という、自ずと自分の利益として返ってきます。

つまり、慾によって動けば幸せを運んできてくれるのです。

私がこれに気づいたころというのは、自我欲のために多額の借金を抱えていたときでした。東京の小さなマンションの2LDKの部屋を全改装して大きな祭壇をつくり、本尊不動明王を安置し毎日朝の五時には起きてから深夜まで修行をして「幸せとは何か？」「人生とは何か？」ということを何千回と自問自答しては、考え続けていました。

立派な寺を建てたいという「欲」から抜け出すことができ、ご本尊不動明王をマンションの一室からちゃんとした土地に安置させたいという「慾」を持つようになりました。

突然に富を持ったり持とうとしたりすると、人は自我欲の虜《とりこ》になってしまうものです。

私の場合は借金地獄という大きなきっかけの「おかげ」で、立ちはだかるどんな困難をも乗り越えて前に進み、幸せを呼び込む慾という原動力をいただいたと思います。

圧倒的借金をどうやって返したのか？

我欲でできた借金は「億」単位でした。それも、数億レベルではありませんでした。銀行と話し合い、売れるものはすべて売却し、返済をくり返してもまだ億単位で借金は残っています。

身体を診る治療院とマンションの中にある寺だけは残して、一からの出直しを始めたのです。

若いとき、お師匠さまから**「お金への執着は悩み苦しみの中で一番すさまじい苦しみだ」**と教えていただいたことを覚えています。その言葉はまさに真理で、お金への執着ほど、心を極限に冷やしてしまうものはありません。執着があると、お金はどれだけ持っていても満足することはなく、お金がなければ生活や人間関係に大きな制限が生まれます。

しかも人は苦しいとき、それを誰かのせいにしがちです。自分との結びつきの強い健康に比べて、お金は環境や他人のせいにしがちで、ますます心を冷やす要因となっています。

もちろん、私をはじめとして、お金にまつわるトラブルもすべて自分で種を蒔《ま》いたものですから、すべては自分の責任であるのです。

人のせいにしている状態（心が冷えた状態）では目の前の問題は解決していきません。私も借金を背負ったころはそうでした。毎日深夜まで修行を続けて自問自答をくり返して「自利利他」という言葉に辿《たど》り着いたことは前述しましたが、頭のなかでぐるぐると考えを巡らせていただけではありません。実際に行動を取り、自分自身の考え方を見直しました。

億を超える借金があったとはいえ、私は借金を返すのに特別なことをしたわけではありません。時間はかかりましたが、ただ現状を受け止めて返済計画どおり返していきました。どうやら、多くの人はこれがなかなかできないようです。

私がまずしたことは**「自分の過去の行いを振り返り、箇条書きに悪いことを書き出すこと」**です。

書き出すことによって原因、自分の気持ち、やるべきことなど、さまざまなことが客観的に見えるようになり、現状の問題を感情と切り離して受け止めやすくなります。

「今」の行動は「未来」につながってくるので、後悔しないためにも過去の行いを振り返って行動指針として忘れずに書くのです。

ローン返済表も喜びの種に

前向きなものであれば、書く内容は抽象的なものでもかまいません。

①自分が秘めている力を信じ、いつも前を向いて可能性に挑戦する
②いつでも全力でことに当たれる身体のエネルギーを保っておく
③銀行の担当者と常に人間関係を築いて信頼関係を保っておく

この三か条を守って借金を返したのです。お金を稼ぐために仕事をするという考え方をなくし、仕事、目標へ情熱を傾けることでもあったと思います。

銀行からくるローン返済表は当初、私にとってマイナスの感情でしかありませんでしたが、三か条を守ってからはプラスの感情になりました。毎月の返済表は達成するたびに赤ペンで消していくのです。**赤ペンで消した分だけプラスイメージになるようにしたのです。**

「今月もこれだけの因縁返済金が消えていった。よく頑張っているじゃないか」と、自分を励ましたのです。

「こだわりの心は毒とも禍《わざわい》ともなる」

弘法大師の言葉ですが、毎月の返済額に対してのこだわりを消すように努めたのです。ちょうど二十年間が経った平成一九年一二月一九日は忘れることができません。銀行融資担当者が多額借金の完済を知らせに訪れてきたのです。

「できるよ、できるよ」の精神で「行」をする

毎日の読経《どきょう》は欠かしたことはありません。

自分で決めたことは、必ずやり遂げることを覚悟しているからです。「行《ぎょう》」というのは、何も滝に打たれたり坐禅をしたりすることではありません。**毎日の「行い」のことであり、日常生活を営むための心構えであるのです。**本堂や庫《く》裏《り》を毎日掃除するのも「行《ぎょう》」になります。また洗濯も「行」になります。「先生は、掃除と洗濯が大好きですよ」と執事長が訪れた方に話しているのを聞いたことがあります。

暇があるときに掃除機を使って掃除をするのではありません。自分がよごれている、汚いと思ったときに、掃除機が動くのです。

ですから、大晦日《おおみそか》の大掃除などはしたことがありません。**掃除は「心の掃除」に直結します。毎日、心には「ほこり」がたまっていると考えるからです。**

ピカピカに磨き上げてある仏器も、護摩《ごま》を焚《た》くと、手あかや火焔《かえん》でよごれが目立ちます。仏さまにお供えする仏器も同じです。

「洗ってない茶わんでご飯は食べない」のと同じで、茶わん、湯のみにしても清潔にしてあれば、仏さまよりも自分が喜ぶのだと思います。

「ああ、清々しいな」と。その清々しさで、一日にたまった心のほこりをキレイにするのです。

家相の話でも触れたように、特に玄関は人の出入りするところであり、「福の神」が出入りするところです。「気」を変える場所と考えていますので、常に気を配って掃き清めています。

窓ガラスもよく掃除をします。雨露のあとが残っていると庭の樹々も、太陽の射光もきれいに見えないからです。しかも**それだけにとどまらず「心の透明度」まで失うように感じます。**

曇った窓ガラスよりも、透明度がある窓ガラスのほうが晴れやかになるように、透明なものに触れるほど、「心のほこり」はなくなっていきます。

「塵も積もれば山となる」の言葉があるように、目に見えないほどの塵もやがて山のようにうず高く積もります。ストレス、苦しみなどのマイナス感情は、小さな積み重ねでも放っておくと心にこびりついてきますので、いつも磨き上げる掃除をしないといけません。

心を込めて「必ず」と唱える

お経を唱えるとき、短い真言《しんごん》などには、必ず三唱、七唱、二十一唱と「唱《とな》え」なさいと書いてあります。

私の場合、「できるよ、できるよ、できるよ」の前に、「必ず、必ずできるよ、できるよ、できるよ、必ず、必ずできる」と「必ず」を前後に入れています。

いつもバラバラで、じっとしていない「心」にクサビを打ち込むのです。それが、「必」という文字。必ず、きっと、間違いなくという意味でもあり、心に余裕ができ、発想もまとまって思いが集中できるのです。

束ねられた「心」は、クサビを打ち込むことによって全身に柔軟性ができてくるのです。

「深夜行」の期間が一週間ほどありますが、堂に入る前に、「必ずできるよ、できるよ、必ずできる」と言い聞かせて入堂します。眠気もさめて、一心不乱になって「行《ぎょう》」を満行《まんぎょう》するのです。

〝洗ってない茶わんでご飯は食べない。するとたまった心にほこりがキレイになる〟

耳鳴りになったら肝と腎を疑え

「口は禍《わざわい》のもと」といいますように、言葉に対しての戒めは、仏教では、十善戒《じゅうぜんかい》として守らなければいけないことになっています。

①不殺生《ふせっしょう》……殺すな
②不偸盗《ふちゅうとう》……盗むな
③不邪淫《ふじゃいん》……淫《みだ》らなことをするな
④不妄語《ふもうご》……ウソをつくな
⑤不綺語《ふきご》……言葉を飾るな
⑥不悪口《ふあく》……悪口を言うな

⑦不両舌《ふりょうぜつ》……二枚舌を使うな
⑧不慳貪《ふけんどん》……自分だけがうまいことをしようとするな
⑨不瞋恚《ふしんに》……腹を立てるな
⑩不邪見《ふじゃけん》……間違ったものの見方や考え方をするな

つまり言い換えると次のようになります。

「①生命を尊重しよう ②他人のものを尊重しよう ③おたがいを尊重し合う ④正直に話そう ⑤よく考えて話をしよう ⑥優しい言葉を使おう ⑦思いやりのある言葉で話そう ⑧おしみなく施しをしよう ⑨にこやかに暮らそう ⑩正しく判断をしよう」

このように十善戒《じゅうぜんかい》は、自分の行いの戒め三つ、言葉は四つ、心は三つの注意事項として守りなさいと教えています。


言葉は自分で発する場合と、聞く場合があります。

「注意深く耳を傾ける」ときは「聴」であり、「傾聴する」と書きます。

広く一般には「聞く」を使いますが、これには意外と多くの意味があります。人の言葉を受け入れる、他人から伝え聞くということのほかに、「聞き入れる、従う、許す、よく聞いて処理する」というのも「聞く」になります。

ですから、**特に大事なのは「聞く場合」で、「聞く耳」があるかどうかが、ほとんどの「冷え」の原因をつくるわけです。**それは、他人からの言葉により生ずる「冷え」がほとんどだということであり、いかに私たちが他人の言葉に感情を乱されているかということでもあります。

「あの人のひと言が許せない……」

「あんなことを言われて従うわけにはいかない！」

これらは他人からの投げかけに拒否反応をしている状態と考えます。

耳鳴りになる人がいますが、じつは人は拒否反応をしているときほど、耳鳴りになっていることが往々にしてあります。耳鳴りの症状に悩んで相談に来る方もいますが、心と身体の原理はいつも一緒に動いていますので**「耳鳴り」は心と身体が「冷え」ているぞ、という注意信号です。**

東洋医学では、「耳」を受け持つ器官は腎と膀胱《ぼうこう》です。腎は「骨」を司りますが、その骨を支えてくれているのが筋肉や腱《けん》で、筋肉や腱を司っているのは「肝」です。**年を取ると筋肉が弱くなり、骨も弱くなるから「耳」も遠くなるのです。**

ですから「耳」に症状が出るときは、腎と肝を一緒に診ないと見誤ることになります。

「かんじんかなめ」という言葉がありますが、これは「肝と腎」が非常に「大切である」ことを意味しており、どちらか一方でも調子が悪ければ耳に不調が現れ、他人を「受け入れる」ことができなくなります。

耳に柔軟さを持ち、いかなるときでも相手を受け入れる心を持ちたいものです。

運気とは「人のつながり」のバロメーター

「運」とはなんでしょうか？

文字を分解すると理解しやすくなります。軍はタタカイ、イクサ、即ち戦うための集団や組織のことを指し、辶《しんにょう》は進むことを表しています。

自分にとっての「運」は目標、希望、夢に向かってつらいことがあっても突き進んでいくことだと考えています。

「気」とは、はっきりとは見えなくても、その場を包み、その場に漂うと感ぜられるものですから、自分の抱くものを明確にして身体全体から漂うように意識しないといけません。

「運気」とは、目標に向かって突き進もうとする明確な意識、ということです。単

に「ラッキーかどうか」ということではありません。

十年後の目標を立て、ブレない自分をつくる

今の運気（運勢）はどのようになっているのだろうか、とは誰もが考えることだと思います。

私は「ネアカ経営塾」という講座を持っているのですが、その講座では方位学や組織の人間関係のほかに、**運勢運気を最大限活用するために「自分の立ち位置」を知ることが重要**と言っています。

自分の年齢の運気や今月の運気は、昇り運気なのか下がり運気なのかを知っているのと知らないのとでは人生に大きな差が出てしまいます。これを**「自分の立ち位置」**といいます。この「立ち位置」がわかることで、感情まかせではなく「客観的」に「何をするか」が見えてくるのです。

私は他のお坊さんに比べて気学に勤《いそ》しみ、学んだことから、九星気学を教えていますが、**この学問では十年後というスパンで目標を獲得する大きな運気の在り方も示唆しています。**それは人生の大きなサイクルでもあります。

三十歳を過ぎると、それなりの社会性が私たちには出てきますから、それなりに対応する責任を果たしていかなければならなくなります。肉体的な次元でも、三十五歳をピークに、今までの伸びが止まります。そして三十六歳からは、内面を充実させていくことが大切になります。

四十代は社会的信用をつけながら、世の中にどう自分を表現していくかが課題となります。そして五十代になると、それが円熟していきます。

人間や世の中のことを一通り学んで一巡するのが六十歳、すなわち還暦です。十干十二支が六十通りのパターンの変化をして、生まれて六十年たつと元に戻った状態になるのです。

私たちは、仕事で三年目までは嫌になって放り出したくなることが何度もあります。ところが、三年を過ぎると、なんとか乗り越えたと自分でも思えるようになり、あまり嫌だという気持ちが出てこなくなります。そして五年目ぐらいからは堂に入ってきて、六年七年と進んでいくと八年目には成果が現れて、さらにもう二年間仕上げの期間を経て、十年目に完成ということになるのです。

十年後にどのような自分になっていたいのか、仕事のこと、生活のこと、あるいは内面的なことも含めて考えることが大切なのです。**なぜなら大きな目標があれば、目の前の小さなことで感情がブレにくくなるからです。**感情がブレればあなたの運気も低下しますので、幸せは逃げていきます。十年を待たずしてトラブルや不幸に悩まされます。

「世の中が、変わり続けるということだけ、変わらない」

これは事実です。そうした世の中の変化と自分が同調できることも重要ですが、どんなときでも「自分の立ち位置」を見失ってはいけないのです。

「運」の前に「縁」がある

「先生って運がいいですね」
「いいや、縁がいいんだよ」

こんなやりとりをよくします。「運」の前に「縁」が先に出ています。**これは「縁」ができて「運」があとからついてくるということであり、「縁」は自分からつくらないといけません。**

私とのたったひと言の「ご縁」から、今では実業家になって人生が大きく変わった方がいます。

「あなたはサラリーマンより実業家に向いているよ。なぜなら個性が強く出ているように感じますから。あなたの友人の中で一番仲良しの人と縁をつけると大きな花を咲かせることができると思いますよ」

彼は長年考えていたことを、一番仲良しの友人に話をすると、また違ったご縁で人の輪が拡がりました。なかなか入会することが困難なゴルフ場にも入会し、そこでまた新しいご縁を拡げてと、人のつながりの輪が多方面に拡がっていったのです。日々の運気を勉強するのもいいのですが、人との出会いの縁を拡げたことによって、運気はいつも発展的に上昇していきます。

「朱に交われば赤くなる」というように、運気が強い人たちの仲間に入れば、自然と運気も上昇するようになって、物事に対して肯定的な考え方を得、発展的な行動へと自分を変えていったのです。

「変化を意識」することは変化を受け入れること。そうして目標という「軍《いくさ》」を進めていけば、どんどん幸せに人生が変わっていくのですから、変化も楽しいことと思って受け入れることが肝心です。

〟運勢運気を
最大限活用するために
「自分の立ち位置」を知ろう〟

「因縁果」をつなげて新たな運気を生む

私たちは初対面のときの雰囲気が重要です。顔の明るさ、顔つき、話しぶり、ふる舞い、話の内容、声の出し方、笑顔、姿勢、服装など初対面のときに私たちは相手を判断して、人を評価します。

「この人はいい感じだな」とか「好感が持てそうだ」と思えば親しみを覚えます。その親しみが安心感を生み、少しの会話からでも期待感も生まれてくるのです。

「いい印象を与える」ことでより親しみが湧き、おたがいに「上手くやっていけそうだ」という気持ちになるのです。生きていくうえでの人間関係が良好に進むのは疑う余地もありません。

悩んでいたりすると初対面から「何か悩んでいるな」との印象を与え、相手は外観で判断します。仮に悩んでいなくとも、悩んでいると判断される「ふる舞い」で選別されたりするものです。

釈迦が説法してもダメなものはダメ

「縁」をつなげば新たな「運気」が生まれます。しかし縁が運ぶ運気には**「陽の運気」と「陰の運気」**があると考えています。

・所作や言葉づかいがスマートな人を「陽の運気」
・見るからにどこか具合が悪く、陰気な人を「陰の運気」

こう見ると、人は初対面で「陽の運気」を持つ人に好意が先行します。「陰の運気」を持つ人と一緒ではせっかくの目標がストップし、幸せは逃げていきます。

「縁なき衆生《しゆじよう》は度《ど》し難《がた》し」

これは釈迦の言葉です。いかに仏の道に引き入れてあげようと思って釈迦が説法しても、駄目な者がいます。その人には、まだお説教を聞く「機が熟していない」――つまり、まだ縁がないということなのです。

縁は着物でいえばへヽりであり、建物でいえば縁側であって、ふヽちとも読みます。いわば、とっかかりであり、このとっかかりが人生の幸福を決めるうえで大切なのです。

仏教では「因（原因）・縁（縁起）・果（結果）」といい、ここから「因縁」「因果」という言葉が生まれました。**因果関係などといいますが、原因があって結果が生ずるためには、縁がなければなりません。**

疫病神は良縁になりはしない

たとえば、一粒の麦を地に蒔く、これを因とする、やがて芽が出て、太陽が照り、雨も降る、これが縁なのです。この縁によって、麦は生育して花を咲かせ実をつける。これが果であるのです。

こうして、一粒の麦が大量の実となります。豊作の年は、良縁によったのです。ですが、日でりや長雨という悪縁に当たった年は凶作となるのです。

人もまったく同じこと。

人と人との出会いも縁であります。普通の人は、これをなかなか見抜くことができません。それは、人間に自我という「執着」の心があるからです。

取引関係にある大手の役員を、退職と同時に自分の会社に引き入れる。ところが、そういう人のやることに思わぬクレームが出たりすることがあります。このような人を、俗に「疫病神がついている」といいます。

悪縁は決して良縁にはなりはしません。
また良縁は決して悪縁にならないのです。

悪縁の人は、残念ながらまだ「積善の業」が足りないと考えてもよいのです。

〝原因があって
結果が生ずるためには、
縁がなければなりません〟

人「間」関係でとことん運を開きなさい

「出会い」があったからこそ今の自分があると思っています。

「人との出会い」や「人の運」を考えてみると、そこには「人間関係」という大きな「命題」があります。

良好な人間関係なくして幸せな人生はありえません。人間関係もまた、「塵埃《じんあい》」が積もり「心の冷え」が進行した人の場合、人間関係もまた悪化していってしまいますから注意が必要です。

人は道徳を身につけて「人間」になる

人間社会では、人は人と人に囲まれて、その間《はざま》に生きています。歌でも踊りでも、何事にも、間《ま》というものが大切です。

人間関係でも、人と人の間《ま》をうまく保つ人を「人間」といい、「間《ま》」を保てない人、つまり人間から間《ま》をとった人を「人」というのです。

生まれてから三歳半までの子供は「人」です。おつき合いの礼儀作法を知らないから、人間ではないのです。

ですから、親は早くから三歳半までに躾《しつけ》教育をして、「人」から「人間」にしてやるのが、親としての務めであるのです。

人との間《ま》、それは**「態度」と「言葉」と「気持ち」**の三つを教えることだと思います。

【態度】

・目上の人には「礼儀正しく」
・友達には「なれなれし過ぎず」
・目下の人には「決して見下げない」

【言葉】

・目上の人には「丁寧《ていねい》語」で話す
・友達には「親しみ語」で話す
・目下の人には「思いやり語」で話す

具体的には「はい」という素直な言葉、「ありがとう」という感謝の言葉をすぐに言うこと。

【気持ち】

・目上の人には「尊敬の念を込めて」接する

・友達には「親しみを込めて」接する
・目下の人には「いたわりを込めて」接する

近年、日本人のマナーは低下してきたように思います。いくら時代が変わり、価値観が変わっても、人として守らなければならない基本的ルールがあります。それを**「道徳」**と呼びます。

かつての日本人は集団生活を送るのに欠かせない「謙虚な態度」や「礼儀作法」「人を思いやる心」を自然と身につけていました。

坊主の修行時代も厳しく躾けられてきたことを思い出します。「理屈抜き」にしてやってはいけない「ふる舞い」をくり返し教えられたのです。

「人に悪いことをしなければ、人からされることもない」という誰もが納得する道理を学んで「心に焼きつけ」てきました。

私の好きな言葉に徳川家康の言葉があります。

「己を責めて　人を責めるな」

自分の失敗は決して他人のせいにしてはいけないというものであります。大きな失敗をしたとき、人はどのような態度を取るのでしょう。

・迷惑をかけたと、まず謝る
・たいしたことはないような顔をして、その場をやり過ごそうとする
・あれが悪い、これがよくなかったと、いろいろ理由をあげて取りつくろう
・失敗したくてしたわけではない、と訴える

いろいろな態度を示す人がいます。徳川家康の言葉は、「人間」として絶対にやってはいけない言動が込められていると考えるのです。

天地自然にあるものは、動けば必ず温かい

さて、「人間関係」ですが、相談のなかで「いい出会いがない」「運が悪いんだ」「上司、部下、同僚に恵まれない」という「訴え」がよく出ます。すでに諦《あきら》めてしまっている人もいます。

たとえば非婚化、晩婚化といわれている昨今ですが、その理由を突き詰めてみると確かに「いい出会いがない」ということになるのかもしれません。

しかし、私の場合でさえも毎日何十人という人に会っていますので、職場関係、友人関係などで「出会い」は多いはずなのです。「いい出会い」のチャンスは誰もが持っているのです。

「自分を活かしきれない」という殻に閉じこもっていると、なかなか「いい出会い」に恵まれないのかもしれません。

男女関係、特に結婚問題や起業問題などで私は背中を押してあげた方が多くいます。

「もう結婚を考えてもいい年だな！」

「ここまで出来上がったのだから、起業してもいいと思うがね！」

私は自信を持って「やってごらんよ！　できるから！」と勧めるのですが、「ありがとうございます」とすぐに返事を返す人は十人中一人くらいのものです。

素直に誘いに乗れば「人との新しい出会いができるのに」と常々思います。**人との間《ま》をうまく保てない人は、「態度」「言葉」「気持ち」が人の道理に沿っていません。徳川家康とは真逆の「人を責めて　己を責めるな」という心持ちになっています。**

取り繕おうとする言い訳や欲望や執着によって心が前向きにならず、身体も行動に移せない。動かないから、ますます心が冷えてしまうのです。

人に限らず天地自然にあるものは動けば温かく、留まれば冷えていくのが道理です。「心の冷え＝身体の冷え」はとにかく人生最大の難敵です。もっともっと、動いてほしいものです。

あるいは「先生！　結婚相手はどの方位に行けば見つけられるのですか？」と積極的に聞いて来る方もいます。ヨーロッパ旅行などの吉方位を使って結婚相手を見つけた方もいたりします。

自分でできることはとにかく動いて積極的に実行してみること。それが、豊かな生活には大切です。

幸せになるために
心が素直になっていく 和尚からのひと言アドバイス

〝己を責めて人を責めるな〟

第4章

「善の積み重ね習慣」で心はフワッと軽くなる

名前を一〇〇〇回書いたら目標は叶えられる

「〇〇学校に入学したいのですが」

「〇〇のようになりたいのですが」


「〇〇ですが」をもって私のところへ相談しに来る方がいます。

「できるよ！　やってごらん。B5判の用紙にまず自分の名前を一〇〇〇字（回）書くこと。入学したいなら学校名もやはり一〇〇〇字書いて持ってきてください」

「へぇぇ……、一〇〇〇字ですか？　それはちょっと……」

一〇〇〇字を書く暇がないという人は、もうダメだと思って、話を聞かないことにしています。

「一心不乱」とは、一つのことに心を注いで他のために乱れないことであります。

「物事を成就する」には、まず自分を信用することから始まると考えていますので、便箋《びんせん》でも、B5判の用紙でもいいので、一週間以内にしっかりと「自分の名前をきれいに一〇〇〇字書く」ことをするのです。**ポイントは一枚の紙にビッシリと一〇〇〇字を書き切ること。**

「素直な人」ほど自分の名前を用紙いっぱいに書き上げますので用紙が名前で真っ黒になるほど書いてきます。**今ではその一枚の紙をひと目見るだけで、その人の人生がその後、幸せになるかどうかがわかります。**

「自分の名前を、こんなに書いたのは初めてです。自信が湧いてきますね」

誰もが満足げに伝えてくださいます。そういう私も、自分で経験しているからこそ、一〇〇〇字書くことの効力を言えるです。

自分が書いた一〇〇〇字の名前は、どんなお守りにも負けない強力なお守りになります。やり始めるとすぐに気づくのですが、テレビを観ながら、ラジオを聞きながらでは絶対に書けるはずもありません。

お風呂から出て、机やテーブルをきれいにして、正座して、お香を焚いて、部屋を清々しくして、そのように場も心も整えてやっと一気に書けるものですから、力が湧くのも当然です。

書く前に「自分の名前を一〇〇〇字書かしていただきます」と合掌してみると、自分の姿がにこにこ顔で浮かんでくる方もいます。

「微笑」をもって書く人は、明るく積極的に物事を行う人ですので、お守り札としては最高の部類に入ります。

丁寧に書かれた名前の用紙を預かり、これを加持《かじ》して「不動」のものにするのが私の役目です。護摩火焔《ごまかえん》に通して初めて強力な**「お守り叶え札」**となります。

願いが叶って有名中学校へ入学した方、司法試験に合格した方、店舗を構えて独立した方、公務員試験に合格した方、銀行融資がスムーズにいった方……多方面で自分の名前が、自分の思いを叶えてくれた話がたくさんあります。

特別なことではなく、名前を書き続けただけで運が開けるのです。

本章では運気を上げて幸せになるための方法、もっというと素直になるための具体的な方法や習慣を仏道や気学の観点を交えてお伝えしていきたいと思います。

信仰する人にだけ「助け舟」がやってくる

道元禅師の法語《ほうご》の中に次のような言葉があります。

「切に思うことは、必ず遂《と》ぐるなり。切に思う心深ければ必ず方便も出て来るようあるべし」

一生懸命に思いを念じていれば、きっと成し遂げるものであり、必死で解決方法を考えていれば、きっとよい方法が出てくるものである、という意味です。

一生懸命心に念じ続けているると、あなたの心に信念ができてくるのです。一つのことを信じて念じ続けるから**「信念」**というのです。

自分で書いた一〇〇〇字の名前は絶対に成功する、叶えられると信じて、念じ続けることであります。

「心深ければ必ず方便」という道元禅師の言葉は、多額の借金を背負って解決策を考えている私に大きなヒントを与えてくださいました。

あるとき護摩《ごま》行の最中に、「お前に一生涯ついて離れないものを忘れるな」と、不動明王からの声がしているように感じたのです。

「一生涯ついて離れないもの」とはいったいなんだろうか？　それはきっと一番大切なものに違いない。そう考えていくと、最終的に数あるもののなかで**「自分の名前」**しかなかったのです。

〝切に思うことは、
必ず遂《と》ぐるなり。
切に思う心深ければ
必ず方便も出て来るようあるべし〟

今日からベッドの位置を変えてみる

「嘆くまえに動く」

これは運気を常によりよく保つための基本原則です。人生の幸せを決定づける健康・お金・人間関係の三要素が充実していれば「嘆く」という行為をしません。「嘆く」のは予測しないことに感情を乱されるからです。

嘆かない人とは、「自分の立ち位置」を知っている人であるのです。

中国の諸葛孔明《しょかつこうめい》が使い続けた戦略方位学は「奇門遁甲術《きもんとんこうじゅつ》」と呼ばれるもので、まさに九星気学の流れです。五行説の木、火、土、金、水の恩恵を最大に受ける吉方位に向かい数々の戦いで勝利を収めてきました。

しかしせわしない現代では、わざわざ吉方位に出掛けられない人もいます。そうした方でも大丈夫です。自宅でできる**「寝所移動」**という方法を取ることで効果を得ることができます。

つまり、自分の部屋の中心を軸に、寝るときの「頭の位置」を最大吉方位に向けて寝るということです。

ベッドはなかなか動かすことができませんので、布団で寝るほうがおすすめです。

一か月ごとに吉方位は変わりますので、それに合わせた「方位取り」も布団なら簡単にできると思います。

人間の人生には悩みや欲望がつきものです。そうしたことに対応して応援してくれるエネルギーがあり、吉方位に向かって寝ることでエネルギーを体内に取り入れることができるのです。

運勢は「自分の勢い」ですから、誰でも必ず「転機」があります。この「転機」を寝所移動によってつかみ、その勢いをより好転させることが自宅でも手軽にできるのです。

今よりずっと気がラクになる方法

「自然は私たちの心も身体も癒してくれる」

これは大いに感じます。

私の生活は「座る」「話す」が主になっていますが、疲れがたまってくると農作業に出向いて「歩く・動く」ことをしています。身体全体が疲れてきたので「動け」という指令が心から出るのかもしれませんが、動いた後は心も身体もさっぱりとして、今まで以上に仕事ができるようになります。

「座る」「話す」「動く」ことが人間の日常の動作なのです。

ですから、都会から来山された方には散歩がてらに山の地蔵公園に行ってもらったり、田んぼや畑に案内したりしているのです。

いつしか「悩みごと」も薄くなっているのは確かです。

「かわいい花が咲いていましたよ」

などと言われると、「心に思いやりが出たな!」と返答します。するとすかさず「笑顔」が返ってくるのです。

「悪いことは長くは続かないよ! 頑張るしかないんだ!」

「そうですね、何か元気になったみたいです」

やはり笑顔でニコニコしているのです。

銀座別院では、相談中には明るくなって納得したかのようですが、なかなか割り切ることができないように感じます。

来るたびに二度三度と同じことをくり返し話さねばなりません。悩んで苦しんでいるのは理解できるのですが、

「嫉妬《しっと》深い自分、許せない自分、悪口を言う自分、お金に執着している自分」

自分で悪い種を蒔《ま》いたのだから、まず自分を見つめて反省しなくてはなりません。

すべての事象は、「自分」にあるのですが悩みやトラブルから抜け出せない人は、「他人」を責めるのです。

こうなると心はカチカチに冷え固まっています。

こうした相談者には具体的に**「密教の数息観《すそくかん》」**をするように伝えます。足湯をしながらでも、お風呂に入りながらでも実行するようにお話しするのです。

私もこの数息観を日に何回もしています。数息観の正式名は、弘法大師空海によって伝えられた瞑想法「阿字観瞑想法《あじかんめいそうほう》」といいます。

この瞑想法は、ちゃんとした決まりがありますので、ここでは述べませんが、数《す》息観《そくかん》は素人が誰でもやれるやり方です。

「ただ呼吸を数えるだけ」

これだけなのです。息を大きく吸ってゆっくり吐いて一《イーチ》と数えるのです。吸って吐いて二《ニー》というように、これを十までやります。十までできたら、また一に戻るのです。息を吸って吐く一回は大体十五秒位であり、十回までやると約三分くらいはかかります。

「ゆっくり吸って吐く」――「数」に意識を集中しますので雑念はいつのまにか心から消えていくのです。

十分で一〇〇回の呼吸を目指すとよい

「呼吸を観じる」瞑想《めいそう》法は、本来呼吸に意識を集中することによって、精神を安定させる法ですが、素人が足湯をしながら瞑想する場合は、**「まずは数をかぞえる」**ことに徹してください。

身体が温まってくると、次に**「呼吸」**に意識を集中していけばよいのです。

息を吐き出すときは「身体の具合の悪いものや心の中のモヤモヤした汚れが、吐く息とともに流れ出て自然界に溶け込んでいく」イメージをするとよいのです。

時間は十分前後、一〇〇回の呼吸を目指すとよいでしょう。身体も温まり、気持ちも晴れやかになって、「悩み」はたいしたことなしと考えられるようになったり、次のよい行動に動きたくなるのです。

「心が冷えで固まる」と「こうしなければならない」「こうでなければならない」という自分にとって不必要な「思い込み」を内に入れて、自分自身を縛っているように思います。この「思い込み」が「悩みや苦しみの種」（心と身体の冷えの種）でありますから、身体を温めることをしながら「数息観《すそくかん》」をすると、精神的にスカッとするし、気がラクになるのです。

相手の心に響かせたいなら言葉を変えなさい

人が人に対して抱く最も根源的な感情は**「愛情」**ではないでしょうか。

親子が親密であること、夫婦愛は本物であることが大前提になっています。

しかし、親子の愛も夫婦の愛すらも、ひとつとして確かなものはないと考えます。

肉親に対する愛が迷いや苦しみをもたらして事件ざたにもなっています。

愛が強すぎるゆえに、子供を間違った道に追い込んでしまったり、深い夫婦間の愛が嫉妬《しっと》と怨念《おんねん》といった心の闇につながったりしての事件が多くなっているようです。


人の口から出る言葉というものは、ときには人を生かし、ときには人を殺すこともあります。自分が何気なくしゃべった「無意識の言葉」は、ときとして人の心を打つものです。

相手に対して悪い感情を抱いているときは、自分が気づかないで言い放った言葉が、相手の心にグサリと突き刺さる。そして、それは一生涯恨み続ける原因となったりします。

逆に、いつも心にかけている相手の場合は、やはり無意識にかけた言葉が、驚くほど相手を感激させることもあります。そして、あなたを一生涯、尊敬し続けることになるのです。

ですから、いついかなるときも心に愛を持って、言葉を発しなければなりません。これは執着や自我欲を持っていてはできません。

不幸になる言葉というものがあります。それは、次の二つです。

①不足をいう言葉

②愚痴をいう言葉

不足は満足しないことであり、不完全燃焼して日常生活を送っていることを表しています。満足しない感情は自我欲や執着を生み、不足を口にすることは運気を下げます。

愚痴を言っているとき、人の顔は渋面《じゅうめん》（しかめっつら）になっています。渋面になると、眉間《みけん》にタテじわが寄ります。ですから眉間にタテじわのある人は不平が多いものです。

「後悔先に立たず」ということわざがありますが、「悔やんでもしかたがないこと」に執着してわざわざ言葉にしていては、人も縁も遠ざかります。良好な人間関係などもってのほかです。

愛語を日常で使いこなす

では人と向かい合ったとき、どんな言葉遣いを意識すればいいのか。それには三つあります。

一つ目は**「幸せになる言葉」。これを仏教では「愛語《あいご》」といって、相手の心を明るく朗らかにする効果があります。**

「オ〜イ！」と言えば、「ハ〜イ！」と明るい返事がすぐ返ってきたら気持ちがいいのと同じように、トゲのある言葉で話すより、おだやかに「愛語」で話すことがコミュニケーションの基本です。

つぎに**「柔らかい言葉」。**語尾を下げるだけで言葉は柔らかくなります。堅苦しい言葉や鋭い言葉を使わないことです。

三つ目は、**「思いやりのある言葉」**です。思いやりの心があれば「ありがとう」

という感謝の言葉がいつも出てきます。

不幸になる言葉が出るのは、いつも「感謝」をする心を忘れているからと思うのです。

人は相手に対して、「もっと私のことを理解してほしい」「もっとこうしてほしい」と考えてしまうものです。しかし、自我欲によるアプローチでは相手の心にまったく響かないどころか、愛情がいびつな形に変わって起こる事件のように、思いどおりの結末は訪れません。

相手を変えるには、まず自分自身の「言葉」の使い方を再度見直してみてはどうでしょうか。

三つの言葉を普段から使っているでしょうか。

それが自然にできていれば、相手の心に「響かせる」ことになります。どんどんすてきな縁を呼び込み、愛情溢れる関係に囲まれて生きていけます。心も身体も毎日ポカポカ温かくなります。

日頃の行いがあなたという「自分」をつくっているのです。思い、そして行動、誰でもが毎日を修行しているのです。

「思い」を共鳴させると「波動」になる

共鳴は「同じ意見に基づいて発言したり行動したりすること、転じて、他人の思想や意見に同感の念を起こすこと」とあります。

そもそも自分はどんな思いをふだん心に思い描いているのか、意外と知らないものです。**その自分のふだんの思いを知り、受け止めることも「素直」になるために実践したい具体的な修行の一つです。**

私は借金の返済のとき以来、常日頃に思っていることを箇条書きにして、一か月間を通して眺めてみたり、一週間ごとに確かめたりすることをしています。

「思いの束」は多いときで一日十項目、多い月で三百項目にもなっています。当然似通った思いもありますが、それもきちんと託しておくことにしています。

そして、一か月の「思いの束」をふり分けて、今月は何がメインの「思い」だったかを思索するのです。

お金の問題、仕事の問題、人の問題、身体の不調の問題と「思い」は多岐にわたっています。

「常念必現《じょうねんひつげん》」（常に念ずれば必ず現れる）

これが私の座右の銘です。

信念を持って心で念じたことは、必ず実現するということです。

「思い」は考えていることですから、すぐに消えてしまいます。ですから書くことにしたわけです。

書く（描く）ことによって、今の心がわかってきます。これを「念」という形に置き換えるのです。幸せとは抽象的なイメージですが、具体的に書く（描く）ことによって幸せの形もはっきりと現れてきます。

念とは深く望むこと。そして「忘れない心の作用」でもあります。念じても実現しないと嘆く方は、信念が弱いためだと考えてもいいのではないかと思います。修行は、毎日の行いのくり返しですから、ただこれを修め続けることなのです。

大変なように感じる方もいるかもしれませんが、これも考えようです。毎日の習慣をちょっと変えるだけで、幸せな生き方を歩んでいくことはできるということです。

思いに念を入れますと、言葉や所作に力が入りますので、必ず同感する方が育ってきます。一人から二人、三人と拡がってくるのです。倍加した念力は波動となって現れます。より大きな波動となって、光子《こうし》（フォトン）となって核心がつくのです。

念のこもった言葉は、魂が宿った言霊であります。ですから使い方によっては不思議な力を持ちます。幸福にもすれば、災禍をもたらし、不幸に落としめることにもなります。**言葉は決してぞんざいに扱ってはいけません。**

心が冷え固まっていては、人のために動くことはできません。自我欲や執着、嫉妬から感情を乱し、反発して悪い言葉や悪い聞き方が先行します。それは相手を苦しめます。

心も身体も温かく素直な人は、何が起こっても、どんな壁が目の前に立ちはだかっても心が乱れることはありません。

確かな目標に根ざした言葉に念が入り、光となってその人を包み込むことになるのです。

誕生日の「二か月前」はいちばん運気が下がると心得る

「今年から運勢は上昇する。厄年も終わったからだね」

運勢暦を見て微笑む人もいるし、また、「今月は衰運の月です。気をつけないと」と伝えると、運勢暦を見ながらちょっと不安顔になる人もいます。

それは当然の反応です。

私たちがこの世に生まれた（オギャーと言って初めて大気を吸った）日が誕生日であることは疑う余地はありません。

ですから、人の人生は生まれたときから、「誕生日」や運命月が決まっており、「運」に支配されていると考えてもいいのです。

人間の一生の運勢が出生時に決まっているのか？
それとも生まれたときに大体の運勢は決まっていて細部で運勢が上下するのか？

このようにメカニズムのことを考える人もいますが、

「生まれ生まれ生まれ生まれて生《しょう》の始めに暗く……」

と、弘法大師は言葉を残しておられます。人は暗き中から生まれてきて、この世の生の到達点には「死」というものが待ち構えているのだからこそ、この死を受け入れない限り、生きることを肯定できません、と説きます。大宇宙に広がる闇にまたたく一瞬だからこそ、私たちの生命は尊い輝きを放つのです。

ですから、毎日を「一生懸命に生きる」ことをしないといけません。

当たり前のようですが、果たして本当に毎日を一生懸命に生きている人はどれだけいるでしょうか。自分にとっての「一生懸命に生きる」とはどういうことか。これを意識して過ごしてほしいと思います。

一生懸命に、暗き中から生まれてきたのですから、運という勢《いきおい》、気を感じて自分のものとしなくてはならないと思うのです。

私の誕生日は二月三日ですから、九星気学では冬の土用月、一月節生まれです。「春、夏、秋、冬」の四季の前に「土用」という期間があります。「土」を各季節の終わりの十八〜一九日間に当てはめたことから、立春、立夏、立秋、立冬の前の十八〜一九日間を土用といい、次の季節へ移る調整期間といってもよいのです。

土用期間は**「死人が絶えない、腰痛、ぎっくり腰」**になることが多いといわれます。季節の変わり目ですから、「身体が季節に適応できず」と言って亡くなる方も多く、また胃腸の弱さから、身体の深部の冷えもあって腰痛やぎっくり腰になられる方も多くなります。

誕生する前の私たちの状態を〝タイムスリップ〟して考えますと、私たちが生まれる二か月前の妊娠後期二十八～三十一週目の胎児は、骨格がほぼ完成し、筋肉と聴覚が発達し、神経の動きも活発になります。子宮の中での位置がほぼ決まり、お腹の外で生きていくための最低限の機能もそろいます。

三十一週になると、お腹を強く蹴《け》る回数も増え、キックは以前よりも力強くなり、狭い子宮の中でも寝返りをしたりするそうです。五覚や肺機能も成就してきます。

じつはこの自分の誕生日の二か月前の「胎児―母親」の状態が、潜在意識のなかに残っているのではないかと考えます。誕生日の二か月前には、誰しもが身体の変調や精神状態の乱れが出たりするからです。

私はこうした状態を思い起こし、誕生日前の二か月間はいつもより仕事を精一杯することにしています。そして、この世に生を受け、育てていただいた父母の恩の大きさを教え説かれた「父母恩重経《ぶもおんじゅうきょう》」をあげて、供養することにしています。

誕生日二か月前あたりはケアレスミスが続いたり、トラブルに巻き込まれたり、体調を崩したり、と悪いことが起こり始めますので、注意しておくことです。

訪れる災難に備えることも立派な心の習慣です。

運気が低下したと感じたら、身体も心も疲れている証し、最大吉方位の「源泉掛《げんせんか》け流《なが》し温泉」に出向いて心身を癒すのもいいでしょう。実際に効果はてきめんで身体も心も温まり、急に仕事で大きな契約が決まった、人間関係のもつれが解消したなどの話が数え切れないほど報告されています。

〃生まれ生まれ生まれ生まれて
生の始めに暗く〃

身体を温めれば心も人生も温まる

心の動きは身体の調子に反映します。心と身体のバランスが取れていなければどちらが崩れてもおかしくありません。

五十年ものあいだ、東洋医学をもとにたくさんの人の治療をしてきて「病」のもとは、やはり「冷え」であることは間違っていません。これは必ずしも「身体の冷え」だけを指すのではなく、「心の冷え」も大いに含んだ話です。**むしろ、気づきやすい「身体の冷え」に比べて、「心の冷え」は本人が自覚するのが難しく、気づかないうちに心身の調子を崩してしまうやっかいな存在です。**

現代では「心の冷え」が悪化したことで、身体の隅々が冷えている人もたくさんいます。西洋医学では「身体の冷え」ばかりに言及されますが、「心の冷え」こそ現代に急速に蔓延《まんえん》している不幸のもとであり、トラブルのもとなのです。

「ほとんどの疾患は、温めることによって治る」

これは仏道の見地からも、東洋医学の知見からも確かです。

日常生活でも、凝り固まったヨゴレを取るには、スチーマーで温めて、塊を緩めた後で取ると取りやすくなります。

冷えたご飯も温めればおいしく食べられます。

シベリアの凍土の中に何千年ものあいだ、マンモスが原型を留めて発見されたことを思い出します。冷えることは固まることであります。この冷え固まった状態を人に置き換えてほしいのです。

血の流れが一瞬でも滞らないように

私は漢字から「心と身体」の状態を診ることをします。満足とは望みが満ち足りて不平のないことを表します。では「不満足」とはどうでしょう。

心を満たさないこと
満足しないこと

となります。身体と心は一体ですから、自分に不満足のことが起こると「足が冷えて」きます。**足が冷えている、冷たいなと感じたとき、何か「満足できないことがあるのかな？」と考えるといいと思います。**

足が熱い、温かいという方もいます。そういう方はほとんど身体が太っている人で「火照《ほて》り」といいます。女性に多く「更年期」の症状が見られます。

漢方の古典「黄帝内経素問《こうていだいけいそもん》」には、女性は七年ごとに節目があり、身体や心に変化が起こると捉えています。

「三十五歳　面始めて焦れ、髪始めて白し」

三十五歳あたりから加齢の兆しが見え始めてくるということです。東洋医学は、身体と心の状態を「気・血・水」で診ます。身体や心の不調を不定愁訴といい、「気や血の不調」からきていると捉えます。

急に顔がほてる、汗が噴き出してくる、女性特有の更年期症状「ほっとフラッシュ」など、これらは足の冷えを取るだけで、一か月もしないうちに改善されてきます。

不定愁訴→足の冷え→**足湯をする**

これが一番の早道です。

心は欲望・怒り・嫉妬などの「元締め」で感情が先に立ちます。こうした感情のせいで人は思わぬ行動を取ってしまうのです。

「あれがしたい」「この人は大嫌い」「気が滅入る」といった願望や怒り、苦しみなど、人間の心に浮かぶさまざまな欲望のことを「煩悩《ぼんのう》」というのです。

お金のこと（資金繰り）を考えると「足が冷えて、肩や頸すじが張ってしょうがない」という方もいます。足が冷えるから、すぐ足湯をする、それでも足が冷えるので風呂に入る。またすぐに冷えてくる。しかし、資金繰りがうまくいくと、あれほど冷えていた足も、冷えを感じることなく、心穏やかになっている。心の不思議は「目の前のお金のことで拘束された（囚われた）心」であったのです。

こうしたことに対して、「執着」を持っているということです。「囚われ」という漢字を見てください。□（かこい）の中に「人」と書いているのです。この□《かこい》が執着なのです。

この「執着」という存在が、心も身体も「冷やす」原因となっているのです。

素直になれば不安も悩みも消えていく

「素直になる」ことは、すべての人の根底にある課題です。悩みや問題がなくならないのは、それだけ「素直になる」ことが難しく、ほとんどの人ができていないからです。どんな悩みも、心や身体の問題も、人間関係のトラブルも、お金の不安も、**素直になれば必ず運気は回り始め、執着すれば悪化するのです。**

「うまくいかない……」

そうしてなんらかの問題に囚われている人は、囗《かこい》のなかに自分がいることを覚えてください。囲いを外して、この囲いを外に置いてできている漢字を眺めてみてください。

叶・叱・叫ぶ・吸・呼・告・和・味・呪・唄・嗅・喋・吉

自分の心や相手との交わりで、口から出る言葉（漢字）がたくさん並んでいます。感情は喜びを感じるような楽しいものだけではなく、怒りや悲しみを感じるネガティブなものもあります。

こうしたプラス（陽）とマイナス（陰）の二つの感情も含めて人は構成されています。プラス（陽）の感情は、誰にでも温かさ、和みをもたらしますが、マイナス（陰）の感情は周りを暗く冷たくします。しかし、**こうしたマイナス感情を否定することは自分自身を否定することにもつながります。**

自分の感情を否定せずに言葉にして、どういう思いを抱いているかを、自分自身に伝える、周りに伝えることが大切なのです。

自分の名前を一〇〇〇字書き記すことも自分自身の人生は、自分が「主」であることを見失っているから言うのであり、自分を信じて主体的に行動するようにしないといけません。

人生における悩みや不安、迷いはすべて自分の心の感情によるものです。自分の心は本来、誰でも**「柔らかく、温かく、なんでも取り入れる素直な心」**であるのです。

「自分の迷い、悩みなどは、もしかしたら欲望や執着のせいなのではないか？」と考えるようにすると、自分自身で判断する力がついてきます。

自我欲や執着に向き合い、素直に受け入れる。それは人生を圧倒的に豊かに幸せにするカギです。

「もっと素直でいいじゃない」

私はこのシンプルな言葉を七十万人の相談者に対して、何度も伝えてきました。

素直であることがまるで損をし、利用されるかのような世の中です。それにおびえ、自分を守ろうとすることもあるでしょう。**しかし、守ろうとする気持ちこそ、心の凝り固まった状態そのもの。**

損する状況も素直に受け入れる心を持てば、物事は必ず好転し、健康・お金・人間関係をはじめとして人生は幸せに満ちたものになるのです。

幸せになるために

心が素直になっていく 和尚からのひと言アドバイス

〝もっと素直でいいじゃない〟

おわりに

毎年、九星気学に基づいたカレンダーを作っており、解説部分の原稿書きの作業があります。その年々の運勢を書き、それに基づいた各人の運勢などを書くのですが、

「えっ、お坊さんが運勢を？　九星気学を？」

そう思われる方もいると思います。でも、神社仏閣に参拝に行かれると、

「今年の厄年祈願の方は……」

という大きな立て看板を目にすることがあると思います。じつは坊主と気学は切っても切り離せない関係なのです。真言密教においては、自分の生まれ年により次の三つの星が存在するといわれています。

・本命星《ほんみょうじょう》……北斗七星より導かれる

・元辰星《がんじんじょう》……北斗七星より導かれる
・當年星《とうねんじょう》……九曜より導かれる

各自がそれぞれの星に祈願することにより魔を払い、福を呼び込むのです。

そのほか、生年月日より本命宿という二十八宿から一宿を導き出し、日の吉凶、他人との相性、性格、運勢等を見る密教占星術（宿曜《すくよう》占星術）が、宗祖弘法大師より日本にもたらされ、真言密教に受け継がれています。

こうしたこともあり、九星気学を使ってのカレンダーや解説書、経営塾などの講演をしているのです。

暦を使って「結婚式は大安だ、葬式は友引だからだめだ」というのが私たちの慣習になっていますが、「大安・仏滅」は暦では「六曜《ろくよう》」という欄に書いてあります。

この「六曜」というのはもともと、中国の名将だった諸葛孔明《しょかつこうめい》が軍隊で使っていた日時の「時間表」のことで「諸葛孔明六壬時課《ろくじんじか》」といいました。それを後年、日々の吉凶を占うのに転用するようになったのです。

六曜とは本来、次の日を指しています。

先勝《せんしょう》……釈迦が菩提樹の下で悟りを開いた日（十二月八日の明け方）
友引《ともびき》……釈迦のお葬式の日（二月十九日）
先負《せんぶ》……釈迦がお城から家出をした日（十二月十日）
仏滅《ぶつめつ》……釈迦が亡くなった日（二月十五日）
大安《たいあん》……釈迦の誕生日（四月八日）
赤口《しゃっこう》……釈迦を火葬にした日（二月十七日）

仏教徒にとっていかに縁が深いかがおわかりになったでしょう。密教を中国で栄えさせた僧・一行《いちぎょう》は、中国天文学の泰斗《たいと》として現在、中国の切手にまで印刷されていますが、こうした人たちは、なんとかして宇宙と人間との関わり合いを知り、人の運命を知りたいと考えたのです。

それはすべて私たちが幸せに生きるためにほかなりません。

天地自然の法則に基づいている道理を信じている私は、自分を信じて勉強してきました。大自然の運行に合わせて干支《えと》をはじめとした私たちの生活の道標がつくられているという背景を知れば、「素直な心」であることの研究がもっとなされてもよいのではないかと思います。

身体の冷えは心の冷えにもつながります。頑なに固まってはものごとを受け入れられなくなり、身動きも取れなくなるものです。

人の心とは本来、柔らかく、温かいものであります。しかし、素直になれないことで心は荒れていき、細やかさを失う人間になってしまいます。

私たちは大自然に囲まれたなかで空気を呼吸し、動植物を食べて生きています。しかも人間は社会という集団のなかでないと決して生きてはいけません。自然と、人間や社会がおたがいに深く関わり合って一定のルールに従って生きていることを忘れないでほしいと思います。

自然にはどれだけ立ち向かい、反発しても決して一人の人間ではかなわないのです。ただ、素直な心で受け入れれば、あなたのなかの「何か」が劇的に変わり、目の前で悩んでいたことの解決策が自然とやってきます。それは人生が幸せになる解決策です。

こうしたことに思いを馳《は》せ、いま悩みがある人は、自分の心を見つめ直してほしいと思います。そしてあなたには、必ず無限の可能性があるものと考えていただけたらと切に願います。

人は幸せになるために、生まれてきたのですから。

最後に、この本の編集者の綿谷翔さんには、特別に感謝申し上げます。

合掌　佐藤法俠

二〇二〇年一月

参考文献

『秘蔵宝鑰《ほうやく》』（空海、角川ソフィア文庫）
『密教の本』（神代康隆ほか、学研プラス）
『東洋医学講座』（小林三剛、謙光社）
『現代に息づく陰陽五行』（稲田義行、日本実業出版社）
『こころ養い』（大栗道榮、東海企画こころのシリーズ）
『自律神経失調症は治る』（高島博、実日新書）
『驚くべき活力がでる 気の秘密』（林輝明、青春出版社）
『癒しの道場』（大栗道榮、東海企画こころのシリーズ）
『「とらわれ」をなくすと、悩みが消える』（小林隆影、ＰＨＰ研究所）
『不動明王』（渡辺照宏、朝日選書）
『中庸の教え』（モンテーニュ、ディスカヴァー・トゥエンティワン）
『がんばらなくていいんだよ』（酒井雄哉、ＰＨＰ研究所）

『空海！　感動の言葉』（大栗道榮、中経の文庫）
『空海！　感動の人生学』（大栗道榮、中経の文庫）
『現代に生きる空海の言葉』（大栗道榮、日文新書）
『空海「折れない心」をつくる言葉』（池口恵観、知的生きかた文庫）

〈著者〉

佐藤法偀（さとう・ほうえい）

真言宗総本山 丹法山成就寺 大僧正。

1947年山梨県生まれ。法政大学経営学部卒業。日本最大手の生命保険会社にて全国トップセールスを獲得するなどのビジネスマン生活を経て、79年国家試験に合格し、鍼灸治療院を開院。その後、仏道に入り、84年高野山金剛峯寺（森寛紹猊下）にて得度。山形県天童市に本堂を、東京都銀座に別院を落慶。銀座の別院は「7坪のお寺」としてメディアから注目を集める。

46億円の借金を背負いながらも20年かけて完済。その間、感情が乱れ心身症になることもあったが、厳しいといわれる密教の修行を欠かすことなく「幸せとは何か？」「人生にとって大事なものとは？」という「究極の問い」に向き合い続けてきた。そこから辿り着いたメッセージは多くの人の心を打ち、「金、健康、人間関係」を一手に解決してくれる「異色のお坊さん」として人気に。国民的俳優、有名経営者、政治家、スポーツ選手、OL、他宗派の僧侶、医者、音楽家、力士など、全国から予約が殺到し、これまでに70万人の人生を救ってきた。

人生相談では東洋医学、気学、方位学と仏道を絡めて、相談者の具体的な解決方法まで提案することを信条とする。また、毎年開講している経営合理化協会での講座では「募集前に満席になる」など、経済界での人気は特に高く、大物経営者や創業一家の経営相談も数多く務めている。

40億の借金を抱えたお坊さんがたどり着いた
幸せになる方法

2020年２月１日　初版印刷
2020年２月10日　初版発行

著　者　　佐藤法偀
発行人　　植木宣隆
発行所　　株式会社 サンマーク出版
　　　　　東京都新宿区高田馬場 2-16-11
　　　　　（電）03-5272-3166
印　刷　　三松堂株式会社
製　本　　株式会社村上製本所

ISBN978-4-7631-3817-0　C0030
ホームページ　https://www.sunmark.co.jp